Muito além dos índices
Crônicas, história e entrelinhas da inflação

SALOMÃO QUADROS

Muito além dos índices
Crônicas, história e entrelinhas da inflação

ISBN — 978-85-225-0640-8
Copyright © Salomão Quadros.

Direitos desta edição reservados à
EDITORA FGV
Rua Jornalista Orlando Dantas, 37
22231-010 — Rio de Janeiro, RJ — Brasil
Tels.: 0800-21-7777 — 21-2559-4427
Fax: 21-2559-4430
e-mail: editora@fgv.br — pedidoseditora@fgv.br
web site: www.editora.fgv.br
Impresso no Brasil / *Printed in Brazil*

Todos os direitos reservados. A reprodução não autorizada desta publicação, no todo ou em parte, constitui violação do copyright (Lei nº 9.610/98).

Os conceitos emitidos neste livro são de inteira responsabilidade do autor.

1ª edição — 2008

PREPARAÇÃO DE ORIGINAIS: Maria Izabel Buarque de Almeida

EDITORAÇÃO ELETRÔNICA: FA Editoração

REVISÃO: Fatima Caroni e Sandra Frank

CAPA: Álvaro Magalhães

IMAGEM DE CAPA: © Daniel Senise. *Cliffs*, 1994. Laca e pó de madeira sobre tela. 260 x 178 cm. Coleção particular.

IMAGEM DE CONTRACAPA: © Daniel Senise. *Mountain*, 1994. Laca e pó de madeira sobre tela. 260 x 178 cm. Coleção particular.

**Ficha catalográfica elaborada pela
Biblioteca Mario Henrique Simonsen / FGV**

Quadros, Salomão
    Muito além dos índices: histórias, fatos e mistérios da inflação / Salomão Quadros. - Rio de Janeiro : Editora FGV, 2008.
    212 p.

    Inclui bibliografia.

    1. Inflação – Brasil. 2. Índices de preços – Brasil. I. Fundação Getulio Vargas. II. Título.

CDD – 332.410981

Sumário

Prefácio	7
Introdução	11
Psicologia e política da inflação	13
Ata-me	15
10% na cabeça	17
Assim é se lhe parece	20
Vilões de hoje e de sempre	23
A pior inflação é a que não se quer ver	26
Crônica da inflação	33
Os IGPs em 2002	35
Âncoras, metas e núcleos: uma estabilização em três atos	45
Esqueletos inflacionários	50
Tremores inflacionários	53
Miragem inflacionária	55
Sobre touros, contratos e chuvas de verão	58
Aperto calibrado	60
Uma história de três deflações	63
Reflexos da deflação	67
Pequena notável	70

| Extremamente fácil | 74 |
| Quinze perguntas e respostas sobre a inflação em 2006, 2007 e depois | 77 |

Inflação setorizada — 83

A nova moda dos preços	85
Baixa octanagem	88
Discreto charme	91
Choque siderúrgico	94
A preço de banana	96
Quinze minutos de fama	99
Carne ou peixe?	102
Gastos das famílias com educação	105
A doce vida	108
Metais em brasa	111
Paulo Coelho e a inflação	115

Incursões metodológicas — 119

Hábitos de consumo, orçamentos familiares e índices de preços	121
É só um numerozinho	139
O relatório Boskin completa 10 anos	145

Inflação e história — 157

A idade da inflação	159
A origem das bolhas	167
A inflação segundo Mario Henrique Simonsen	174
A era do gelo	187
A última tentação de Fernando Henrique	190

Inflação no mundo — 193

Classes inflacionárias	195
Inflação e globalização	198
As metas de Bernanke	201
Prêmio consistente	207

Glossário — 211

Prefácio

A história da inflação brasileira se confunde com a própria história da Fundação Getulio Vargas.

Foi a FGV que, pela primeira vez no Brasil, desenvolveu e aplicou uma metodologia consistente para medir a inflação através de índices de preços.

Juntamente com as contas nacionais — também pioneiramente calculadas pela FGV — foi possível estimar a evolução do produto interno bruto, outro vetor-chave para definição de políticas macroeconômicas.

Inflação e crescimento sempre estiveram no cerne do debate econômico brasileiro. A FGV participou ativamente não apenas da mensuração desses indicadores: liderou também a análise de estratégias alternativas para controlar a inflação, neutralizar seus efeitos na busca do sonho do crescimento sustentado, ainda não alcançado.

Figuras excepcionais como Eugenio Gudin, Octavio Gouvêa de Bulhões e Mario Henrique Simonsen foram, ao mesmo tempo, estudiosos, formuladores e críticos de diferentes planos de estabilização que se multiplicaram no solo fértil da instável economia brasileira.

É essa rica herança que Salomão Quadros procura, de certa forma, resgatar neste seu importante livro.

Em textos inteligentes, elegantes e com fina dose de humor, Salomão passeia pelas diferentes dimensões da inflação, indo bem além dos aspectos meramente metodológicos onde ele é, aliás, importante protagonista, pela sua posição de principal responsável pela construção dos índices de preços do Instituto Brasileiro de Economia (Ibre).

A leitura dos diversos capítulos ajuda a compreender a profunda mudança estrutural e cultural que ocorreu na sociedade brasileira ao longo do tempo: da aceitação quase dogmática da inevitabilidade da inflação no processo de desenvolvimento para a demanda por estabilização após o cansaço com a sucessão de crises marcadas por explosões de preços.

A partir dos anos 1960, surgiu a visão otimista de que seria possível uma convivência pacífica com a inflação através de mecanismos abrangentes de correção monetária, na época tratada como importante inovação macroeconômica. Ao longo do tempo, porém, a evolução da economia como ciência, incorporando em seus modelos o papel das expectativas, e a própria evidência objetiva dos efeitos nocivos da inflação, dos pontos de vista tanto alocativo quanto distributivo, estimularam uma nova safra de programas de estabilização, nos quais o foco principal era desarmar o efeito reprodutor da indexação.

Salomão Quadros descreve, com precisão, esse sofrido processo de tentativa e erro que passou por uma sucessão de choques heterodoxos — congelamento de preços, salários e câmbio ("A era do gelo") e até mesmo seqüestro de ativos financeiros (Plano Collor).

O custo econômico e social do fracasso dessas experiências é elevado. O país finalmente chegou ao novo e superior estágio de inflação baixa, cujo marco divisório é o Plano Real, que se destaca pela forma inovadora (URV) com que foi eliminada a correção monetária compulsória.

O livro, porém, chama a atenção para o fato de que foi preciso o susto de mais uma grave crise cambial ao final de 1998 para chegarmos a uma arquitetura econômica consistente baseada no aperto fiscal, nas metas de inflação e na flexibilidade cambial.

Pela primeira vez, o Banco Central conquistou autonomia operacional para impor a disciplina monetária, independentemente das mudanças políticas.

Salomão Quadros enfatiza, ainda, a importância da globalização, da abertura da economia brasileira e de seu impressionante ajuste externo, gerando aquilo que ele denomina "âncora cambial de mercado", isto é, apreciação cambial sem artifícios, refletindo a melhoria nos fundamentos macro. Tudo isso explica o sucesso no controle da inflação, cujo patamar atual situa-se abaixo de 4% ao ano.

O leitor é transportado para essa fascinante viagem das diferentes matrizes desse complexo fenômeno econômico que atinge a vida de cada um de nós, como trabalhadores, consumidores ou empresários.

Uma mensagem importante é que há hoje consenso — apoiado pelos estudos acadêmicos e pela evidência empírica — de que a estabilidade é pré-requisito para o crescimento sustentado de qualidade superior, inclusive no que diz respeito ao seu padrão distributivo.

Salomão Quadros termina com um alerta: o controle da inflação exige vigilância permanente, convicção e vontade política para conviver com inevitáveis custos. Precisa, idealmente, estar ancorado em instituições sólidas, como o Banco Central efetivamente independente que possa exercer, na sua plenitude, o seu novo e poderoso papel de gerenciador de expectativas.

Em resumo, o livro é uma importante contribuição para compreender o perfil da nova economia brasileira, onde são elevadas as possibilidades de substituir o crescimento ciclotímico do passado por um desenvolvimento estável, fundado em um dos bens públicos mais valiosos: uma moeda forte e confiável.

Carlos Geraldo Langoni
PhD em Economia pela Universidade de Chicago
Ex-presidente do Banco Central do Brasil
Diretor do Centro de Economia Mundial da FGV

Introdução

Este livro reúne 40 textos, que abordam diferentes aspectos da inflação. A maior parte foi escrita entre 2004 e 2007 e publicada, integral ou parcialmente, na revista *Conjuntura Econômica*. Apenas três foram originalmente publicados em outros periódicos: "Âncoras, metas e núcleos, uma estabilização em três atos" (*FGV Cenários*), "A origem das bolhas" (*Inteligência*) e "A última tentação de Fernando Henrique" (*Jornal do Brasil*). Todos passaram por pequenas revisões. Para facilitar a leitura, o livro foi dividido em seis partes. A primeira retrata as reações de consumidores, governantes e formadores de opinião ao movimento dos preços.

A segunda traz uma sucessão de análises de resultados de índices e comentários sobre a política econômica, reproduzidos na mesma cronologia em que foram escritos. O texto inicial fala da inflação em 2002, quando a desvalorização do câmbio, repassada aos preços, produziu taxas mensais acima de 5%. Os textos seguintes documentam a redução da inflação, que, mesmo sem ter sido retilínea, foi rápida e ao que parece, sustentável, em oposição ao nosso condicionamento histórico. A seção termina com uma entrevista, em que o autor acumula os papéis de entrevistador e entrevistado.

A terceira parte trata, de forma individualizada, de preços de produtos ou setores. Os critérios de escolha desses itens incluem o peso no cálculo dos índices de inflação, como a carne ou a gasolina; a utilização contratual, típica de índices da construção; ou a conjuntura setorial, que justifica movimentos mais bruscos, como a alta do aço e dos metais em geral.

A quarta seleciona questões metodológicas que podem interessar a estudantes ou usuários de índices de preços. A quinta abre espaço para aspectos históricos da inflação. Nas duas a pesquisa bibliográfica e a viagem no tempo autorizam textos mais longos. Há também uma reconstituição do pensamento do professor Mario Henrique Simonsen, por meio de citações extraídas de textos escritos ao longo de 30 anos. A sexta e última parte internacionaliza a inflação.

Taxas de inflação abaixo de 4% ao ano esvaziaram a carga dramática que adjetivos como *galopante* ou *corrosiva* emprestaram a percentuais centenas de vezes maiores. A qualificação numérica é hoje o que importa. Ao mesmo tempo, o uso do verbo *inflacionar* com conotação depreciativa tornou-se mais freqüente. Este é o reverso da cultura inflacionária, uma invenção dos anos 1990, que combinava cinismo e complacência e que a estabilidade de preços, ou quase isto, encarregou-se de sepultar.

Da seqüência de títulos transparece um indisfarçável gosto pelo cinema, relegado ultimamente a horas cada vez menos vagas. Queixas à parte, a troca compensa. O tema inflacionário é inescapável para quem estudou economia e exerce esse ofício na FGV.

Várias pessoas contribuíram para a conclusão deste livro, mas duas eu não posso deixar de mencionar: Teresinha Fátima de Freitas, que me ajudou a organizar e, com isso, valorizar o material, e Bertholdo de Castro Monteiro, editor da revista *Conjuntura Econômica*, pelo que me transmitiu de sua experiência jornalística. Falhas remanescentes são da minha inteira responsabilidade. Na fase editorial, Izabel Buarque, interlocutora atenta e presente, conseguiu domar a minha pressa e Daniel Senise me lembrou por que é mestre na grande arte da amizade. Quero também expressar minha gratidão ao Dr. Julian Chacel, ex-diretor do Ibre, que durante muito tempo foi para mim a inflação na primeira pessoa. No plano familiar, este livro vai, em primeiro lugar, para meus pais, Mary e Humberto, que me ensinaram muito mais do que aprendi; minhas filhas, Isadora e Julia, para quem, felizmente, a inflação é apenas uma entre tantas notícias, e Karina, minha mulher, que contrariando a minha hipermetropia, não se cansa de me fazer enxergar o que está tão perto.

PSICOLOGIA E POLÍTICA DA INFLAÇÃO

Ata-me[*]

P alpite temporão na bolsa de apostas sobre a decisão do Comitê de Política Monetária (Copom) de março, a "zebra do bem" acabou vencedora. Impensável uma semana antes da reunião do comitê, a hipótese de um pequeno corte dos juros foi tornando-se mais e mais plausível com a aproximação do conclave. O principal obstáculo ao reinício dos cortes era a distância entre o cenário real e o pintado pelo Copom em sua polêmica ata de janeiro. Quando o mercado intuiu que o próprio colegiado do Banco Central talvez já não atribuísse ao documento o valor de face, as expectativas de queda dos juros começaram a sair do armário.

O Copom necessitava de um atalho que o livrasse do cipoal de argumentos em que se havia enredado. Caso contrário, para manter a coerência, ele deveria manter os juros inalterados. Isto porque, na ata de janeiro, foram mencionados dois focos de ameaça inflacionária, um no âmbito dos preços ao consumidor e outro entre os preços industriais, considerados indicadores antecedentes dos primeiros. A inflação ao consumidor retornou a níveis tranqüilizadores. Os preços industriais, todavia, prosseguiram em aceleração. O sinal se intensificou, mas o Copom o desqualificou como ameaça.

Ponto para o Copom. O episódio mostra que atas de reuniões de política monetária, assim como gêneros alimentícios, têm prazo de validade. A vida útil desses documentos, no entanto, é incerta e a realidade pode aposentá-los de maneira inesperada. A ata de janeiro, pela obsessiva busca de precisão, foi tão desconcertante para seus leitores habituais que terminou circulando entre curiosos e especialistas em outras matérias. Em artigo publicado na imprensa, a professora da USP Walnice Galvão concluiu sua leitura crítica, do ponto de vista lingüístico, afirmando: "Das três, uma. Ou bem eles não sabem do que estão falando. Ou bem não querem que o leitor saiba que eles não sabem do que estão falando. Ou bem sabem do que estão falando, mas não querem que o leitor saiba. Donde a tergiversação sem fim, intimidando o

---

[*] Originalmente publicado em abr. 2004.

leitor com um labirinto de cifras e siglas, para decretar que só a onipotência dos economistas — esses titãs — se interpõe entre nós e o caos".

Embora desse parágrafo transpareça certa dose de rancor contra a classe dos economistas, a professora reagiu, com razão, ao que chamou de tergiversação. Se há esta suspeita, não apenas a clareza da comunicação está prejudicada, mas, sobretudo, a previsibilidade que se espera do Banco Central na vigência de um sistema de metas para a inflação. A tendência à prolixidade do banco central brasileiro, aliás, já é conhecida entre os seus pares. Um estudo realizado por três especialistas do Graduate Institute of International Studies, de Genebra, divulgado em maio de 2003, comparou a habilidade e o desempenho de 20 bancos centrais de países que utilizam o sistema de metas para a inflação em produzir documentos bem redigidos, capazes de sustentar e justificar ao público as decisões de política monetária.

Numa escala de 0 a 10, a competência do quadro técnico do nosso banco central recebeu nota 8,4, atrás apenas de seu congênere britânico, que tirou 8,8. Ressalte-se que o Banco da Inglaterra foi o precursor da publicação de relatórios trimestrais de inflação e é dono de algumas das melhores práticas entre os bancos centrais que aderiram ao sistema de metas. Na mesma escala, a qualidade da informação publicada pelo Banco Central do Brasil mereceu nota 8,2, a terceira melhor.

Na avaliação do estilo de redação, a nota do banco central brasileiro cai para 6,8, a terceira de baixo para cima, superior apenas às concedidas ao Peru e à Hungria. Os relatórios de inflação produzidos por nossa autoridade monetária são os que mais intimidam leitores não-economistas. Até os tchecos e os poloneses, menos calejados do que nós na retórica econômico-financeira, não amedrontam tanto os seus distintos públicos.

Encurtando a história, para não incorrer também no pecado da prolixidade, os relatórios de inflação do banco central brasileiro são os mais longos entre os produzidos pelas 20 instituições congêneres incluídas no estudo. Enquanto o documento canadense requer, em média, 90 minutos de leitura e o inglês 169, o brasileiro não é concluído em menos de 232 minutos. Em vista desses indicadores, o banco central brasileiro poderia pensar em modificar seus costumes editoriais, tornando a extensão de seus relatórios proporcional às alterações que faz na taxa de juros.

10% na cabeça*

O cidadão comum não gosta de inflação. Percebe que seus rendimentos não acompanham a alta dos preços. Isto significa dar adeus aos sonhos de um futuro melhor. Acabar com a inflação tornou-se um lucrativo investimento político que só não é mais rentável porque, para implementá-lo, é necessária uma sobretaxa (temporária) de desemprego.

Para amenizar os efeitos recessivos do combate à inflação, foram criados diversos mecanismos, de sucesso nem sempre garantido, como pactos sociais, nos anos 1980, ou as âncoras cambiais, na década seguinte. Recentemente, ganharam destaque as metas para a inflação. Este sistema, por tornar explícito o valor máximo aceitável para a taxa de inflação, tende a uniformizar as expectativas quanto à elevação futura dos preços.[1] Expectativas menos desencontradas são mais facilmente contidas.

O sistema de metas não é um simples modismo. Um número crescente de países, ricos e remediados, tem aderido a ele. No Brasil, o sistema começou a operar em 1999. Desde então, a inflação tem diminuído, apesar das seguidas turbulências cambiais, que a desviaram da trajetória descendente. Mas será que ele tem contribuído para coordenar as expectativas? Afinal, entre os cidadãos comuns, quem sabe da existência das metas?

Para responder, a FGV entrevistou 2.300 chefes de família nas 12 cidades em que coleta preços ao consumidor. Nessas cidades, onde vivem aproximadamente 25% da população brasileira, somente 40,6% dos consultados afirmaram saber que o governo impôs para si um limite superior de inflação. Este percentual cresce com o nível de renda. Nas famílias que ganham mais de R$ 5 mil por mês, os que sabem da meta são maioria.

---

* Originalmente publicado em jun. 2004.

[1] Para que a meta fixada produza a coordenação pretendida, o mínimo que se requer é que ela seja coerente com as ações do banco central, que normalmente explicita as hipóteses e os mecanismos de transmissão da política monetária aos preços.

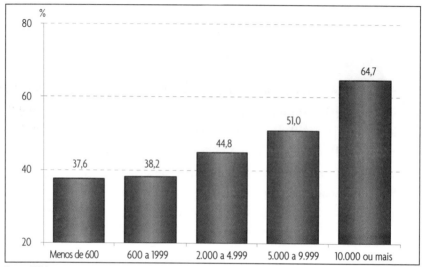

Percentagem dos chefes de família que sabem da existência das metas de inflação, por faixa de renda mensal (R$)

Fonte: FGV.

Se é certo que o conhecimento da meta aumenta com a renda, a extrapolação do resultado da pesquisa para o restante do país, mais pobre do que as grandes cidades, levaria a um nível de conhecimento menor do que os 40,6%. Talvez não seja exagero afirmar que dois terços da população brasileira ignoram a existência da meta de inflação.

Perguntados, em seguida, sobre o valor estabelecido para a meta em 2004,[2] 44,5% dos que disseram saber de sua existência preferiram não arriscar uma resposta. Os outros 55,5%, no entanto, desincumbiram-se satisfatoriamente ao informar valores cuja mediana alcançou 5,5% ao ano. Esta resposta, correta, foi indicada por 18,5% deste grupo. Vale ressaltar que a pergunta não ofereceu alternativas de resposta, deixando a escolha do percentual ao inteiro encargo do entrevistado.

A identificação da meta, no entanto, não exerce grande influência sobre a expectativa de inflação. Há uma diferença de 4,5 pontos percentuais

---

[2] A meta é de 5,5% de janeiro a dezembro, segundo o IPCA, com 2,5 pontos percentuais de margem de tolerância para mais ou para menos.

entre as medianas da meta informada, de 5,5%, e da inflação esperada para 2004, de 10%, que é também o valor modal, isto é, o mais freqüentemente informado, escolhido por 19,5% dos entrevistados. Esta é a visão dos que conhecem a meta, por hipótese mais bem informados do que a maioria.

Ela não diverge da percepção geral. Dos 2.300 chefes de família consultados pela FGV, 68,1% expressaram sua opinião sobre a inflação em 2004. Nesse grupo, tanto a mediana quanto o valor modal também são de 10% ao ano. O valor modal foi indicado por 20,6% dos entrevistados, percentagem semelhante à do grupo de conhecedores da meta.

Tantas semelhanças não devem ser mera coincidência. Em primeiro lugar, a freqüência com que a taxa de 10% é escolhida, além de confirmar uma antiga noção de que as pessoas têm preferência por números redondos — "fica a 100 metros" é muito mais usado do que "fica a 98 metros"—, deixa claro que na cabeça do cidadão comum a inflação, embora na fronteira, ainda está no terreno dos dois dígitos. Mais do que isso, pelos dados da enquete, as expectativas de inflação são as mesmas, independentemente do conhecimento que se tenha da existência de uma meta de inflação e do valor estabelecido para ela.

Isto quer dizer que o sistema de metas tem sido secundário como coordenador da formação de expectativas. Pelo menos entre os cidadãos comuns, não iniciados na arte de fazer previsões econômicas. Para esses, deve haver outros referenciais no desenvolvimento de idéias a respeito dos movimentos de preços, possivelmente associados a experiências passadas. Nossa história é farta de episódios de desobediência inflacionária. A alta de 2003 é apenas a mais recente. Esses episódios tornam-se âncoras psicológicas, nem por isso menos legítimas, que retêm as expectativas em níveis superiores aos que os fundamentos da política econômica já autorizam.

Assim é se lhe parece*

Segundo um renomado instituto de pesquisa de opinião, uma em cada duas pessoas acredita que a sua própria inflação seja maior do que a divulgada. Embora pareça traduzir desconfiança, a afirmação é procedente. A cada momento, haverá famílias se defrontando com altas de preços mais fortes do que as sentidas por outras unidades domiciliares. Esta distribuição de taxas individuais de inflação tem a sua média, que os órgãos de estatística estimam com diminuta margem de erro.

Para quem se encontra do lado de cima da gangorra dos preços, pode não haver a mesma segurança na correção das estimativas. Se uma família de classe média tem dois filhos em escola particular, sua taxa de inflação no início do ano será duas a três vezes maior do que o valor médio divulgado. O mesmo ocorrerá com as famílias de baixa renda em épocas de aumento de passagens de ônibus. Mas ambas estarão corretas apenas momentaneamente quando afirmarem que sua inflação supera a taxa divulgada. A gangorra gira e, passado o impacto destes reajustes, será a vez de outras famílias, com outros hábitos de consumo, experimentarem aumentos acima da média. Sempre haverá famílias validando a afirmação do início do texto, mas não serão as mesmas todo o tempo.

Pode-se argumentar que as suspeitas em relação à lisura desses cálculos tiveram origem no Brasil inflacionário, em conseqüência da aplicação de expurgos nos índices de correção monetária e de reajustes salariais. As taxas de inflação abaixo de um dígito dos anos recentes e o fim da indexação salarial enfraqueceram esta razão histórica. Mas as manifestações de indignação diante de números considerados maquiados não acabaram, como atestam cartas, e-mails e até charges na imprensa. As manifestações procedem, não por razões conspiratórias e sim pela diversidade de padrões de consumo. O ceticismo não é exclusivo do Brasil. Na última década, tomou corpo na Europa uma linha de pesquisa econômica sobre esta forma peculiar de dissonância cognitiva: a inflação medida e a percebida.

---

* Originalmente publicado em mar. 2007.

Psicologia e política da inflação

— Alô, Miriam (Leitão, a minha guru), a FGV tem supermercados?
— Não... Por quê?
— Porque os preços só caem nas prateleiras deles.

Três conceitos desenvolvidos pela dupla Kahneman e Tversky[3] são particularmente úteis na formulação de uma teoria sobre a inflação percebida. Inicialmente, a freqüência com que o consumidor adquire determinados bens ou realiza pagamentos por conta dessas aquisições o torna mais ou menos exposto a mudanças de preços. Faturas em débito automático podem anestesiar a percepção que o consumidor tem da inflação. Uma segunda constatação é a de que as pessoas criam referências de preços pela repetição das compras. O aprendizado é mais rápido e produz referenciais mais precisos na razão direta da freqüência com que as compras são feitas. Desvios em relação a tais referências são percebidos pelo consumidor como

---

[3] Daniel Kahneman e Amos Tversky, psicólogos israelenses radicados nos Estados Unidos, desenvolveram em conjunto uma vasta literatura baseada em experimentos sobre escolhas pessoais em situações de incerteza. Kahneman recebeu o prêmio Nobel de 2002. Tversky morreu em 1996. O comitê de premiação fez referência a esta literatura como fruto do trabalho da dupla, mas Tversky não foi agraciado porque não há premiação póstuma.

ganhos ou perdas, dependendo do sinal da diferença entre o preço efetivo e o respectivo referencial. É aí que entram os famosos aumentos abusivos, expressão que de tempos em tempos revisita as páginas dos jornais.

Em terceiro lugar, desvios de mesma magnitude, mas sinais opostos, provocam reações assimétricas no consumidor. Geralmente avesso ao risco, ele desconta desvios no sentido ascendente, isto é, altas de preços, mais do que valoriza diminuições. Outra forma de assimetria ocorre quando o consumidor se deixa influenciar mais pela alta forte de um produto que tem baixa ponderação no índice do que por altas discretas de produtos de grande peso, ainda que, na ponta do lápis, os impactos possam se equivaler.

Uma quantificação destes efeitos foi feita pelo professor Hans Wolfgang Brachinger, do Departamento de Economia Quantitativa da Universidade de Fribourg, na Suíça. O índice concebido por Brachinger que, nas palavras do autor, capta objetivamente a percepção subjetiva de inflação, acrescenta à fórmula tradicional de Laspeyres dois parâmetros: a relação de trocas entre perdas e ganhos, que o autor estima entre 1,5 e 2,[4] e a freqüência de realização de compras. Por esta formulação, o índice de inflação percebida tende a superestimar o calculado pelos institutos de estatística, por exemplo, quando produtos de uso freqüente, pagos diretamente pelo consumidor, estão em fase de elevação acima da média das demais altas.

O índice construído por Brachinger para a Alemanha mostra que, entre 1996 e 2005, nunca houve um descolamento tão grande entre a inflação medida e a percebida quanto em 2002, quando o hiato médio entre os dois indicadores foi da ordem de seis pontos percentuais. No restante do período, raramente a diferença ultrapassou os dois pontos. O descolamento, evidenciado pelas sondagens de confiança do consumidor, que investigam qualitativamente a percepção dos movimentos de preços, coincidiu com o início de circulação das notas e moedas de euro. Nessa fase introdutória, foram feitos vários arredondamentos de preços, em especial de itens com peso relativamente baixo, mas alta freqüência de compras. Isto elevou as taxas de crescimento dos preços desses itens, como as estatísticas oficiais demonstram, mas inflou a percepção além da mensuração objetiva do fenômeno. Estudos similares foram desenvolvidos em outros países europeus, principalmente na Itália, onde a imprensa deu ampla divulgação às queixas dos consumidores. O cálculo da inflação percebida pode facilmente se incorporar à agenda estatística do Brasil, que ganhará ao diversificar seu leque de indicadores. Uma coisa é certa: mesmo com a métrica da subjetividade, sempre haverá alguém afirmando, com propriedade, que a sua inflação é maior do que a calculada.

---

[4] Um aumento de preço pesa duas vezes mais do que uma redução de igual magnitude.

Vilões de hoje e de sempre*

Pelo menos uma coisa as novelas de televisão e os índices de preços têm em comum: os vilões. Com a ascensão e a glória dos folhetins televisivos, formou-se uma galeria memorável de megeras e patifes, capazes de sobreviver ao capítulo final da trama, que normalmente lhes reserva castigo exemplar. Agindo de forma insidiosa ou abertamente truculenta, os vilões magnetizam o público e proporcionam às emissoras elevados índices de audiência. Guardadas as proporções (de audiência e intensidade de sentimentos), será este fascínio instintivo pela corporificação da maldade a razão pela qual são popularmente chamados de vilões os itens que exercem maior influência numérica sobre as taxas de inflação?

Filosofia barata à parte, o salto de quase um ponto percentual do IGP em janeiro revelou os primeiros *bad boys* de 2006, responsáveis por mais de dois terços da alta: a soja, que enfrenta a seca fora de hora no Rio Grande do Sul, podendo ter sua produtividade comprometida; o óleo combustível, cujo reajuste de quase 10% é uma prova a mais da imprevisibilidade do preço do petróleo, e o álcool, que em plena fase de entressafra está saindo do ostracismo a que foi relegado após a crise do Proálcool, no início da década passada. A soja teve sua capacidade de influenciar o resultado do IGP reforçada neste início de ano, com a alteração das ponderações dos produtos agrícolas do IPA. A ponderação atribuída a cada integrante do índice é proporcional ao respectivo valor da produção. No caso da soja, o valor da produção alcançou R$ 26,2 bilhões, na média de 2002 a 2004, o mais alto entre as lavouras. Num distante segundo lugar no *ranking* da produção vegetal, aparece a cana-de-açúcar com R$ 12 bilhões. Com fundamento nesses resultados, a ponderação da soja triplicou. Como a influência de um produto sobre o resultado final do índice é definida aritmeticamente por meio da multiplicação da ponderação pelo percentual de variação de preço, a soja

---

* Originalmente publicado em fev. 2006.

ficou três vezes mais poderosa do que em 2005, e isto no momento em que seu preço subiu 6%.

O IPA, formado por 462 produtos, dos quais 16 possuem ponderação acima de 1%, proporciona ampla rotatividade entre vilões. Um dos que freqüentam manchetes é o ovo, dado a subidas vertiginosas, que excedem com facilidade os 20% em um único mês. Num desses episódios, deflagrado por um surto de laringotraqueíte das galinhas, o ovo teve sua consagração como vilão, ao ser responsabilizado pelo aumento da conta de telefone.[5] Há também vilões bissextos, como o mamão e o chuchu, que, para espanto dos leitores mais jovens, já estiveram no topo, do mesmo jeito que o time do Bangu.

Os vilões da inflação, como os bons atores, também trocam de papel e até convencem como mocinhos ou namoradinhas do Brasil. Em 2005, os bovinos e o ferro-gusa registraram decréscimos de 12,90% e 38,11%, respectivamente, quedas recordes em suas séries históricas. Em 2002, não faz tanto tempo, a alta dos bovinos alcançou 24,10%, o que lhes conferiu o posto de quarta maior influência sobre o resultado do IPA, que por sua vez alcançou 35,41%. Em 2004, a alta do gusa foi de 86,30%, o que gerou uma influência nada desprezível, de 0,51 ponto percentual, a terceira maior, sobre um resultado de 14,68% do IPA.

Há um índice com vocação para exterminador de vilões: o núcleo de inflação. Este índice faz uma espécie de filtragem da cesta de produtos, excluindo do cálculo itens com variações extremadas, para mais ou para menos. Se já tivesse sido inventado nos anos 1970, o núcleo teria desmascarado a famosa inflação do chuchu, que deu origem a uma série de penosas intervenções, sintomaticamente chamadas de expurgos.

A inflação do chuchu traz em si um elemento de contradição. Se a taxa de inflação calculada se explica integral ou majoritariamente pelo movimento de um único produto, ela é apenas a medida de uma variação de preço relativo, decorrente de um desequilíbrio entre oferta e demanda naquele mercado específico. Não pode ser confundida com o fenômeno macroeconômico da inflação, onde todos são vilões ou, por outra, ninguém

---

[5] Ver capítulo "Quinze minutos de fama".

é vilão. Ao excluir o produto que motivou a alta, o núcleo registra uma variação substancialmente menor que a do índice cheio. Portanto, em casos extremos, como o do chuchu, se há um vilão, não há inflação.

O IPCA, o índice da meta de inflação, também é assombrado por vilões. Diferentemente dos bandoleiros do IPA e do IGP, os do IPCA têm cadeira cativa. São os preços administrados. O Banco Central aplica esta denominação a itens como energia elétrica, telefonia, transporte, saneamento etc., cujos preços são estabelecidos por contratos ou por alguma instância do setor público. Os preços administrados representam cerca de 30% do IPCA e, como bons vilões, subiram 339%, entre maio de 1995 e novembro de 2005, ante 126% do índice geral, segundo um estudo do Ministério da Fazenda recentemente publicado. O estudo mostra que o item ônibus urbano ocupou a primeira posição entre as maiores influências sobre o IPCA em cinco dos 11 anos após o Plano Real. A gasolina esteve na primeira colocação em três desses 11 anos.

Uma explicação estilizada para o descolamento dos administrados é o comportamento do IGP, que nos últimos sete a oito anos foi catapultado pelo câmbio e pelos preços internacionais das *commodities*. Um exame mais detido das regras de reajuste dos preços administrados demonstra que há um evidente exagero em se atribuir ao IGP o papel de *capo de tutti capi*, o indexador dos vilões. Apenas a energia elétrica, a telefonia residencial e o telefone público têm o IGP como componente da fórmula de reajuste. Esses três itens representavam, em novembro de 2005, o equivalente a 27,7% do peso dos administrados. Mesmo assim, por conta das taxas excepcionalmente baixas do IGP em 2005, o mercado espera uma regeneração parcial dos vilões do IPCA neste ano. Segundo o boletim *Focus*, a taxa de variação dos preços administrados cai de 8,8%, em 2005, para 4,5%, esperada para 2006.

É curioso que obras de ficção, como as novelas, e registros objetivos da realidade, como os índices de preços, tenham em comum a figura do vilão. No primeiro caso, o vilão é um artifício para fisgar o telespectador. No segundo, pode ser um expediente simplificador da comunicação. Nesta simplificação, o aumento de preços torna-se uma expressão da maldade humana.

A pior inflação é a que não se quer ver*

A inflação já havia ultrapassado o patamar de 100% ao ano, após a maxidesvalorização cambial de fevereiro de 1983, quando novos tremores se fizeram sentir sobre o sistema de preços. O primeiro, conseqüência de decisão do Ministério da Fazenda, foi a retirada de subsídios que barateavam os derivados de petróleo e o trigo, mas ampliavam o déficit público. O segundo, a quebra da safra agrícola, causada pela combinação de secas na Região Sul e enchentes no Nordeste.

A FGV, à época responsável pela medida oficial da inflação, calculou os impactos diretos desses aumentos sobre os índices de preços e durante três meses, por orientação do professor Octavio Gouvêa de Bulhões,[6] publicou duas versões dos resultados: o índice integral, que registrou a totalidade das pressões de alta, e o ajustado, para uso como indexador. O ajuste, por meio da eliminação desses impactos, ganhou a denominação nada lisonjeira de expurgo.

Em nota técnica divulgada na edição de setembro de 1983 da revista *Conjuntura Econômica*, a direção do Ibre apoiou-se nos conceitos de inflação corretiva e acidentalidade para justificar a exclusão. Inflação corretiva é a decorrente do aumento de preços dos produtos objeto da retirada de subsídios. Se estes representam uma distorção em relação ao equilíbrio de mercado, suprimi-los é uma correção. Acidentalidades, como o próprio nome sugere, são ocorrências fortuitas, que produzem mudanças nas condições de oferta de certos produtos, com repercussão forte e imediata sobre seus preços. Para cima ou para baixo, há muito mais rearranjo de preços relativos do que alta generalizada.

---

* Originalmente publicado em out. 2005.

[6] Presidente do Instituto Brasileiro de Economia (Ibre) na ocasião.

Índices de preços
Estimativas de inflação corretiva e de acidentalidade
(jun.-ago. 1983)

Discriminação	Variação %		
	Jun.	Jul.	Ago.
Índice de preços por atacado — DI			
Índice integral	13,73	14,44	10,09
Menos: inflação corretiva	4,20	3,60	-
acidentalidade	1,97	2,40	1,03
Índice ajustado	7,56	8,44	9,06
Índice de preços ao consumidor — RJ			
Índice integral	11,12	12,52	8,20
Menos: inflação corretiva	1,40	1,12	-
acidentalidade	1,13	1,69	-
Índice ajustado	8,59	9,71	8,20
Índice de custo da construção — RJ			
Índice integral	5,1	6,6	16,90
Menos: inflação corretiva	0,5	0,6	-
Índice ajustado	4,6	6,0	16,90
Índice geral de preços — DI			
Índice integral	12,3	13,3	10,1
Menos: inflação corretiva			
acidentalidade	4,5	4,8	0,5
Índice ajustado	7,8	8,5	9,6

Fonte: *Conjuntura Econômica*, set. 1983.

A razão do expurgo era evitar que a mudança nos preços relativos acelerasse a inflação. A lógica era a seguinte. Choques de oferta reduzem salários reais. Com indexação plena, como a que vigorava naquele momento, a correção dos salários nominais seria uma tentativa inglória de recomposição do poder de compra desses rendimentos. Em pouco tempo, realimentada pelo repasse dos aumentos salariais aos preços, a inflação iria se acelerar, erodindo os rendimentos reais até o novo nível de equilíbrio, correspondente à situação após o choque de oferta. Uma dinâmica como esta já estava em curso, desde a máxi de fevereiro. Tanto assim que a inflação começou o ano de 1983 em 100% e o encerrou em 200%.

Intervenções no cálculo dos índices são anteriores ao episódio de 1983. Ainda de acordo com a nota do Ibre, o IPA-DI já havia sofrido ajustes em 11 ocasiões, entre as quais a célebre inflação do chuchu, em 1977. Mesmo que a indexação com expurgo fosse defendida por pesos pesados do pensamento econômico,[7] esta forma de intervenção no cálculo dos índices ficou profundamente estigmatizada. Ao que se sabe, o expurgo saiu de cena, mas não a intervenção.

Quando o Plano Cruzado, que representou o apogeu da heterodoxia antiinflacionária, deu início a uma seqüência de congelamentos de preços, passou a ocorrer outro tipo de interferência no cálculo de índices. O mecanismo escolhido foi o vetor de preços. Pela técnica do vetor, não se interrompe o encadeamento do índice, mas contabiliza-se todo o resíduo inflacionário[8] no período anterior ao plano. Com isto, cresce o percentual de inflação do mês anterior e diminui o do mês seguinte ao do congelamento.

Para entender o funcionamento do vetor é preciso lembrar que os índices são calculados comparando-se preços levantados ao longo de um mês com os do mês anterior. Ao adotar-se a técnica do vetor, a inflação do mês antecedente passa a ser calculada comparando-se os preços do último dia antes do congelamento com os vigentes no mês anterior. É a este dia que se refere o vetor de preços.[9] Já a inflação do primeiro mês após o congelamento é o resultado da comparação entre os preços médios desse mês e os representados pelo vetor.

Ora, por construção, o vetor corresponde ao pico da alta de preços. No dia seguinte, com o congelamento em vigor, os preços estarão estáveis ou muito próximos da estabilidade. Portanto, a taxa de inflação do primeiro mês após o congelamento será muito baixa, transmitindo confiança aos agentes econômicos. Pelo menos era este o desejo dos formuladores do plano de estabilização.

A técnica dos vetores se incorporou ao arsenal antiinflacionário da época. Em janeiro de 1989, com a decretação do Plano Verão, a variação do

---

[7] Milton Friedman, ganhador do prêmio Nobel de economia em 1976, foi um dos que defenderam a indexação nos anos 1970, recorrendo, quando preciso, ao expurgo.

[8] Parcela da inflação que, por questões metodológicas, é contabilizada em determinado mês, mas se refere a aumentos ocorridos no mês anterior.

[9] O vetor, formado pelos preços dos n itens que entram no cômputo do índice, na prática requer a coleta de dados em mais de um dia.

índice oficial, já então calculado pelo IBGE, alcançou 70,28%. Em fevereiro, a taxa baixou para 3,60%. Nos mesmos períodos, o IGP da FGV, sem a aplicação de vetor, registrou taxas de 36,56% e 11,80%, respectivamente.

Para efeito de correção monetária e de contratos salariais, no entanto, a taxa fixada foi de 22,83%.[10] Desencontro tão flagrante entre índice e indexador somente se sustentaria se a inflação fosse contida. Não foi. Seguiu-se então uma enxurrada de demandas judiciais. A inflação de janeiro de 1989, quem diria, acabou determinada no "tapetão". O Superior Tribunal de Justiça (STJ) fixou para fins contratuais a inflação daquele mês em 42,72%. A Justiça também exumou os planos Bresser e Collor, determinando pagamentos retroativos a assalariados e aposentados, entre outros.

Enquanto os tribunais reescreviam o passado, a alta de preços se aproximava da fronteira hiperinflacionária dos 50% ao mês.[11] Cinco planos de estabilização já haviam sido sepultados quando teve início a gestação do Real, em 1993. Convencidos das virtudes dos programas de baixo impacto, livres de congelamentos ou confiscos, seus formuladores foram inventivos no trato do resíduo inflacionário.

O art. 38 da Lei nº 8.880, que criou a nova moeda, determinou que os índices de preços, nos dois meses subseqüentes à entrada em vigor do real, tivessem como base de cálculo o equivalente em unidade real de valor (URV) dos preços coletados em cruzeiros reais, antes de 1º de julho. Como a URV era um indexador corrigido diariamente, sem espaço para grandes defasagens em seu poder de compra, a conversão dos preços em cruzeiros reais para esta unidade de referência removeu o resíduo inflacionário sem precisar deformar as taxas do mês anterior ao plano.

Há que se reconhecer a elegância da construção. A preocupação maior dos formuladores, neste caso, era impedir a elevação, segundo eles indevida, da dívida pública corrigida pelo IGP-M. O dispositivo gerou uma nova rodada de disputas judiciais, quase sempre decididas em detrimento do governo. A ironia foi ver a disparada da dívida pública, nos anos seguintes ao real, patrocinada pela mesma equipe que tentou evitá-la por decreto.

---

[10] Taxa DI-over.

[11] Phillip Cagan, em seu estudo clássico, *The dynamics of hiperinflation*, adotou como critério quantitativo para identificar uma hiperinflação a ocorrência de taxas mensais de aumentos de preços superiores a 50%, por 12 meses consecutivos.

Embora criativos, os pais do real não foram os pioneiros na arte de impedir a propagação da inflação sem a intervenção direta sobre os índices. Nos anos 1960, a correção monetária, instituída no bojo do Paeg,[12] era a média ponderada entre a inflação passada, com peso de 80%, e a projetada, com 20%. Como a inflação efetiva caiu mais devagar que a projetada, o expediente corroeu em três anos quase 20% do valor real das aplicações financeiras, em especial as vinculadas à ORTN.

Em 1980, a prefixação das correções monetária e cambial, sob a égide do ministro Delfim Netto, do Planejamento, foi uma reedição do mesmo estratagema. A perda de poder de compra dos ativos financeiros chegou aos 30% em apenas um ano. Nem por isso a inflação foi contida. Ao final de 1980, a taxa ultrapassou a marca de 100%, somente retrocedendo a níveis inferiores a este quase 15 anos depois.

A história contada até aqui é de intervenções no cálculo dos índices de preços e em suas formas de utilização. Mas há outra, de intervenções diretas sobre os preços. Entre os anos 1960 e 70, eram freqüentes os controles e o parcelamento dos reajustes de preços, com vistas a diluir o impacto nos índices. Cigarros e remédios eram alvos preferenciais. O episódio mais famoso ocorreu em 1973. O Brasil estava no sexto e último ano do milagre econômico, que dobrou o PIB. Era também o último ano do governo Médici. À expansão continuada da economia veio somar-se o primeiro choque do petróleo, desenhando um quadro natural de pressão inflacionária, incompatível com a meta oficial de 12%.

No vale-tudo antiinflacionário, o ministro da Fazenda, Delfim Netto, em sua primeira administração, recorria a artifícios como o de assegurar o abastecimento da cidade do Rio de Janeiro, onde eram coletados os preços dos gêneros alimentícios para o cálculo do índice oficial. Outra cartada do ministro era oferecer crédito em troca de menores reajustes de preços. Em 1973, com tais artifícios, a inflação foi de 13,7%.

---

[12] O Plano de Ação Econômica do Governo, posto em prática no ano de 1964 pela dupla Octavio Gouvêa de Bulhões e Roberto Campos, reduziu a taxa anual de inflação de 100% para 20%. Entre as reformas que introduziu está a correção monetária de obrigações financeiras, antes limitada pela lei da usura. A correção monetária permitiu o ressurgimento do mercado de hipotecas e o uso crescente da política de endividamento público.

No ano seguinte, com a mudança de governo, o ministério passou ao comando do professor Mario Henrique Simonsen, que calculou qual teria sido a taxa de crescimento dos preços em 1973, na ausência dos tabelamentos e de outros efeitos especiais. Deu 26,6%. Decidiu, então, destampar a panela da inflação, que rapidamente subiu para 30%. Este episódio, mencionado pelo Banco Mundial, serviu de mote para o movimento sindical.[13]

Desta longa e sinuosa narrativa, três observações podem ser feitas à guisa de conclusão. Em primeiro lugar, intervenções nos índices de preços e em suas formas de utilização não têm necessariamente correlação com a natureza do regime político. Em segundo, elas causam danos à imagem das agências estatísticas que somente a independência institucional pode reparar. Em terceiro, com a indexação em crescente desuso, a noção de expurgo deixou de ser estigmatizada. Há até quem a inclua entre os aprimoramentos que o sistema de metas para a inflação merece.[14]

---

[13] A reconstituição do episódio de 1973 se baseou em depoimentos registrados no livro *Mario Henrique Simonsen, um homem e seu tempo — Depoimentos ao Cpdoc* (Rio de Janeiro: FGV, 2002).
[14] Esta observação me foi sugerida pelo professor Julian Chacel.

CRÔNICA DA INFLAÇÃO

Os IGPs em 2002*

"IGP-DI dispara", "IGP-10 tem a maior variação desde fevereiro de 1999", "IGP-M de 2002 é o maior do Real". A mídia não economizou espaço nem exclamações para registrar a escalada. Os IGPs encerraram o ano com altas entre 24,68% e 26,52%, mais do que o dobro das variações registradas em 2001. Como se pode ver no gráfico 1, foram altas crescentes desde abril até se chegar ao pico com o IGP-DI de novembro, que variou 5,84%.

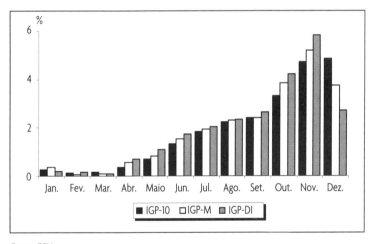

Gráfico 1
Os IGPs em 2002

Fonte: FGV.

Em dezembro, a desaceleração começou a tomar corpo, surpreendendo o próprio mercado financeiro. Segundo o informativo *Focus*, do Banco Central, a mediana[15] das previsões para o IGP-M de dezembro, uma semana

---

* Originalmente publicado em fev. 2003.
[15] Mediana de um grupo de valores é aquele que excede metade destes valores e é excedido pela outra metade.

antes da divulgação, era de 4%. A queda foi maior e o índice fechou com alta de 3,75%. Este erro, para mais, contrasta com as previsões feitas durante os seis meses anteriores, quando as instituições ouvidas pelo BC haviam sistematicamente subestimado a variação do IGP-M. Vejamos alguns exemplos.

Entre maio e julho, o IGP-M passou de 0,83% para 1,95%. O mercado, entretanto, não tomou esta progressão como tendência e, logo no início de agosto, previu para aquele mês uma alta de apenas 0,85%. A previsão foi sendo refeita, dia a dia, mas as correções se mostraram insuficientes. O índice fechou o mês de agosto com variação de 2,32%, quase meio ponto percentual acima da previsão coletada pelo Banco Central na véspera da divulgação.

No dia seguinte, a mediana das previsões, agora para setembro, era de 0,73%, menor do que a referente a agosto, demonstrando que o avanço do processo inflacionário ainda não havia sido devidamente internalizado pelo mercado. Esta atitude persistiu. Em novembro, a previsão na abertura foi de 2%, alterada para 4,7% na última coleta do BC, mas aquém dos 5,19% contabilizados pela FGV.

Como se explica este persistente "viés de baixa"? Por que a expectativa mediana do mercado financeiro em relação ao IGP-M esteve constantemente abaixo dos números apurados pela FGV? Há pelo menos duas razões que não se pode deixar de mencionar. Primeiramente, existe a dificuldade em se fazer previsões de curto prazo sobre a taxa de câmbio, raiz da aceleração inflacionária. Entre abril e outubro de 2002, a cotação da moeda americana passou de R$ 2,27 para R$ 3,95, configurando uma alta de 74%.

Em segundo lugar, também não é fácil determinar, com exatidão, o grau e a defasagem de tempo da transmissão da desvalorização cambial para os IGPs. Correlações estatísticas sugerem que a defasagem média é maior do que um e menor do que dois meses. Mas médias são cálculos estatísticos sujeitos a desvios. As próprias indústrias e demais formadores de preços preferem retardar reajustes enquanto dispuserem de estoques ou considerarem temporária a elevação do dólar. Mas há um momento em que essa atitude deixa de ser conveniente, alguém dá o primeiro passo e os reajustes se disseminam. Quem pode afirmar *a priori* em que instante se dará esse movimento?

Imprevisibilidades à parte, o que ocorreu no Brasil em 2002 foi apenas mais uma manifestação, que nós mesmos e outros emergentes já enfrentamos, de um fenômeno que pode ser descrito por meio dos seguintes fatos estilizados:

Crônica da inflação

- desvalorização cambial nominal superior a 50% num intervalo de tempo de menos de seis meses, acompanhada de queda ou forte desaceleração do PIB e melhora substancial do saldo em conta corrente;
- aumento dos preços no atacado a uma taxa semelhante à metade do percentual de desvalorização cambial;
- aumento dos preços ao consumidor menor do que a metade da variação dos preços no atacado;
- entre os preços ao consumidor, os de itens não-comercializáveis[16] variam menos do que os comercializáveis, mas mesmo estes, que sobem relativamente mais, apresentam variações entre 50% e 80% das variações no atacado.

A tabela exemplifica alguns desses efeitos para seis países, entre os quais o Brasil.

Desvalorizações cambiais e efeitos inflacionários: variações % acumuladas no primeiro ano[1] após a desvalorização cambial

País	Câmbio	Preços por atacado	Preços ao consumidor	Preços de itens não-comercializáveis
Coréia do Sul (set. 1998)	41,2	10,8	6,6	5,1
Tailândia (jun. 1998)	49,7	19,1	10,1	9,3
Indonésia (jun. 1998)	171,1	83,9	44,9	-
México (nov.1995)	80,0	43,3	39,5	31,6
Argentina (dez. 2002)	237,3	118,2	40,9	-
Brasil I (dez. 1999)	52,8	28,9	9,1	$5,9(3,2)^2$
Brasil II (dez. 2002)	53,3	35,4	12,1	$10,7(7,1)^2$

Fontes: FGV, Indec e FMI.

[1] As datas entre parênteses correspondem ao término do primeiro ano após a desvalorização. No Brasil, em 2002 as variações são de janeiro a dezembro, embora a desvalorização tenha se iniciado em abril.

[2] Excluídos os preços de serviços públicos.

Entre os asiáticos, assolados pela crise de 1997, há uma gradação de intensidade do choque cambial, maior na Tailândia que na Coréia e maior

---

[16] Comercializável é o produto que pode ser objeto de comércio internacional. Esta possibilidade de transportar o produto de um mercado para outro cria uma tendência à equalização de preços. Já entre os não-comercializáveis são maiores as diferenças de preços entre mercados.

na Indonésia que na Tailândia. Na primeira etapa da transmissão do câmbio para o atacado, mantém-se esta mesma ordenação. Na Coréia do Sul, o coeficiente de repasse da variação cambial aos preços no atacado foi de apenas 25%, enquanto na Indonésia chegou a quase 50%. Desse estágio até o consumidor, os coeficientes para a Tailândia e a Indonésia são semelhantes, na faixa de 50%. No caso específico da Coréia, o percentual chega aos 60%. Mesmo assim, o efeito final, em termos de grau de repasse do câmbio ao consumidor, foi menor na Coréia, com 16%, seguida pela Tailândia, com 20%, aparecendo por fim a Indonésia, com 26%. Vale ressaltar a queda do PIB nos três países: 6,9%, 10,7% e 14,1%, na mesma ordem.

O caso mexicano diferencia-se dos demais em matéria de transmissão da desvalorização cambial aos preços no varejo. Enquanto, de modo geral, a alta no varejo é da ordem de um quinto da variação do preço da moeda estrangeira, no México a proporção chegou à metade.

O caso argentino chama atenção pela amplitude da desvalorização cambial. O país havia permanecido 10 anos no regime de câmbio fixo num cenário de intensa movimentação de capitais. Por conta desta opção, a taxa de desemprego na Argentina atingiu um nível comparável à registrada nos Estados Unidos nos anos da Grande Depressão. Neste contexto, a transmissão do câmbio ao varejo foi de apenas 17%, a mais baixa entre os casos analisados. Com um PIB em queda de 10%, seria mesmo difícil que o repasse fosse elevado.

No caso brasileiro são apresentados os episódios de 1999 e 2002. Há semelhanças e diferenças entre os dois. Os choques cambiais foram de magnitude semelhante, embora distribuídos no tempo de forma diferente. Em 1999, houve uma desvalorização aguda do câmbio, que durou menos de três meses. A curta duração se deveu, em parte, à elevação drástica dos juros para 45% ao ano. Nos meses finais de 1999, o câmbio voltou a oscilar, mas numa faixa bem mais estreita. O PIB, no ano, variou apenas 0,8%. Mas deste fato não se segue que a desvalorização tenha sido contracionista. O PIB do segundo trimestre, ajustado sazonalmente, foi 1,1% superior ao dos três meses anteriores, o que equivale a uma taxa anualizada de 4,5%.

Em 2002, a alta do dólar se processou em degraus mensais razoavelmente uniformes, com R$ 0,20 a R $0,30 de altura, entre abril e setembro. Nesse período, houve apenas uma forte turbulência, nos últimos dias de julho. Em setembro, entretanto, o câmbio se desgarrou, passando de R$ 3,029 para R$ 3,894. Em outubro, à medida que se aproximava o dia do segundo turno das eleições, o câmbio ainda encontrou espaço para uma desvalorização adicional, chegando a fechar a R$ 3,955, a quatro dias da votação. Deve-se ressaltar a diferença de comportamento da autoridade monetária, que somente elevou os juros, para 21% ao ano, em 14 de outubro, depois de conservá-los por três meses em 18% ao ano. Em 2002, tampouco houve queda do PIB, o efeito contracionista tendo sido o de redução da taxa de crescimento.

O grau de transmissão do choque cambial ao varejo, nos dois episódios, não passou de 25% da variação da moeda estrangeira. Embora, em 2002, o IPC-DI tenha sofrido uma elevação de 12,18%, a aceleração em relação a 2001 foi de apenas 4,24 pontos percentuais. É claro que os preços dos itens comercializáveis são mais suscetíveis à alta do dólar. É o caso do grupo alimentação, que pesava, em dezembro, 26,49% no IPC-DI e que acumulou uma elevação de 18,66%, em 2002.

Os efeitos do câmbio sobre o varejo no Brasil também podem ser avaliados por intermédio do núcleo do IPC-DI. Este tratamento consiste em retirar do cálculo as variações de preços mais altas e mais baixas, que podem ser consideradas temporárias ou acidentais. A filtragem produz um indicador mais estável e, portanto, mais revelador da tendência da inflação no varejo.

Em 1999, passados seis meses do início do processo de desvalorização cambial, a taxa de variação do núcleo em 12 meses havia se acelerado menos de dois pontos percentuais, passando de 2,08%, em janeiro, para 3,63%, em julho. Mas a elevação continuou até janeiro de 2000, quando a variação em 12 meses atingiu 5,62%. Daí em diante, o núcleo entrou em queda. Computada desta maneira, a transmissão do efeito do câmbio ao consumidor, em 1999, foi de 3,54 pontos percentuais. Cabe salientar, conforme mencionado, que o câmbio em 1999 teve uma segunda onda de elevação, após o recuo ocorrido durante o segundo trimestre. De maio a outubro, a desvalorização cambial média foi de 17%, o que certamente retardou a estabilização do núcleo.

Em 2002, a variação do núcleo do IPC-DI em 12 meses passou de 7,40%, em janeiro, para 8,75%, em dezembro. Na realidade, o efeito da desvalorização cambial foi maior do que a diferença entre esses dois percentuais porque o núcleo iniciou o ano em queda e assim prosseguiu até julho, quando atingiu 6,62%. Portanto, até o momento, houve uma transmissão de pouco mais de dois pontos percentuais do câmbio para o núcleo que, dada a defasagem com que se processa o fenômeno, pode ainda aumentar durante o primeiro trimestre de 2003.

As explicações[17] para o reduzido grau de transmissão da desvalorização para os preços ao consumidor — o *pass-through*, para usar o jargão — se valem das observações a seguir. Primeiramente, os produtos comercializáveis têm na sua composição de custos uma certa proporção de insumos domésticos,[18] como transporte e logística, o que dilui o teor cambial do preço de venda. Outro ponto importante é a estrutura das importações. Quanto menor a presença de bens finais e maior a de intermediários, mais branda deverá ser a transmissão do câmbio para os preços ao consumidor.

Outra linha de argumentação, esta de inspiração microeconômica, privilegia as estruturas de mercado nos diversos setores como elemento definidor da intensidade da transmissão. Estruturas competitivas diluem o *pass-through*, ao contrário de mercados em que prevalecem firmas com poder de monopólio.

Em todos os casos listados na tabela há um momentâneo mas intenso descolamento entre preços no atacado e no varejo, durante o processo de transmissão da alta do câmbio. No Brasil, tanto em 1999 quanto em 2002, este descolamento tem sido da ordem de três para um. Isso quer dizer que, para cada três pontos percentuais de variação no IPA, há um ponto no IPC. Em 2002, o IPA–DI subiu 35,41% e o IPC-DI, 12,18%.

Embora três vezes mais sensível à desvalorização cambial do que o IPC, o IPA, pela variedade dos itens em sua estrutura, não reage de maneira uniforme à alta do dólar. A sensibilidade é máxima entre as matérias-primas, especialmente as de exportação e importação, e decresce ao longo da cadeia produtiva. Em 2002, por exemplo, o cacau subiu 166,10%, o trigo 109,42%, a soja 68,14% e a celulose 46,99%. Esses produtos têm seus preços forma-

---

[17] Para mais detalhes ver: BACCHETTA, Philippe; VAN WINCOOP, Eric. Why do consumer prices react less than import prices to exchange rates? *NBER Working Paper*, n. 9352, Nov. 2002; BURSTEIN, Ariel; EICHENBAUM, Martin; REBELO, Sergio. Why are rates of inflation so low after large devaluations? *NBER Working Paper*, n. 8748, Feb. 2002.

[18] "Domésticos" tem o sentido de não-comercializáveis e, desta forma, pouco sensíveis ao câmbio.

dos no mercado internacional, em dólar. Embora a conversão para reais seja feita pela mesma taxa de câmbio, cada um teve sua própria trajetória de aumento ou diminuição. No caso do cacau, a tonelada curta em Nova York passou de menos de US$ 1.200 para mais de US$ 1.800, em 2002. Por isso, o aumento em reais excedeu de tal maneira o percentual de desvalorização cambial.

Há também matérias-primas com reduzido grau de comercialização externa. Esses itens teriam, em tese, baixo grau de resposta às flutuações cambiais. Um bom exemplo é o milho, cuja alta de 121,43% justifica-se, principalmente, pela quebra de safra, que beirou os 20% em 2002, num contexto de estoques mais baixos do que o normal. As situações do milho e do cacau, que sofreram altas muito além da desvalorização do câmbio, tiveram razões próprias de cada mercado. As variações de preços desses produtos ajudam a explicar por que choques cambiais de intensidades similares, como os de 1999 e 2002, podem produzir repercussões de diferentes magnitudes na taxa de variação do IPA.

Entre os produtos intermediários e finais, o efeito do câmbio costuma ser a composição de duas variáveis: a importância da matéria-prima como item formador de custo e a influência, sobre o preço desta, exercida pela cotação da moeda estrangeira. As massas alimentícias e os concentrados de tomate são exemplos ilustrativos. Em 2002, os aumentos foram de 37,02% e 20,59%, respectivamente. Em ambos os produtos, a matéria-prima tem peso destacado, mas no caso das massas alimentícias, fabricadas a partir do trigo, produto de importação, a influência do câmbio é significativamente maior.

Outro efeito induzido pelo câmbio sobre os preços dos produtos industriais é o redirecionamento das vendas para o mercado externo. Conhecido na literatura como *expenditure switching*, este movimento acarreta aumentos de preços mais acentuados naqueles setores em que o uso da capacidade instalada está mais próximo da plena ocupação. Um bom exemplo é o setor siderúrgico, que exporta um terço das vendas. Com o nível de utilização da capacidade instalada acima de 90%, de acordo com a Sondagem Conjuntural da Indústria, de outubro de 2002, este setor elevou seus preços em 42,55%, em 2002. No segmento de caminhões, a situação é bem diferente.

Com exportações na faixa de 30% das vendas, mas com utilização da capacidade pouco acima de 60%, o setor aumentou seus preços em apenas 9,78%.

Quem vê apenas os dados de 2002 pode duvidar de que algum dia o IPA venha a ser ultrapassado pelo IPC. Mas isto acontece com mais freqüência do que se imagina. Nos 57 anos de existência dos dois índices, o IPC superou o IPA 31 vezes. Aliás, nem é preciso recuar tanto assim para se conhecer a natureza alternante da relação entre os dois índices. Em 1995, quando o Plano Real ainda estava por se consolidar, o IPC-DI variou 25,91% enquanto o IPA-DI subiu 6,39%.

O gráfico 2 compara a relação entre o IPC e o IPA, no Brasil e nos Estados Unidos, num período de 35 anos. Tais exercícios, pela extensão de tempo, podem estar sujeitos a imprecisões, especialmente por conta de mudanças metodológicas ou na composição dos índices. Nos Estados Unidos, por exemplo, o IPA mudou de nome e passou a se chamar IPP, abreviação de índice de preços ao produtor. Como o nome sugere, o índice passou a incluir apenas a primeira comercialização após a produção. Mesmo com essa alteração, o exercício tem validade porque pode indicar tendências evolutivas.

Gráfico 2
EUA e Brasil: relação entre preços ao consumidor e preços por atacado

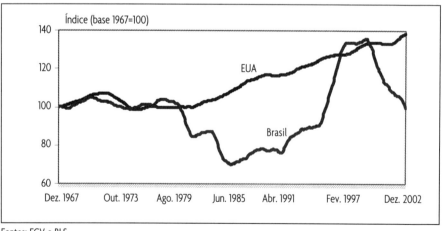

Fontes: FGV e BLS.
Nota 1: IPC/IPA.
Nota 2: Médias móveis de 12 meses.

Nos últimos 20 anos, a relação entre preços ao consumidor e ao produtor na economia americana tem-se alterado em favor dos primeiros. Isto pode ser explicado pela ocorrência simultânea de ganhos de produtividade na indústria e aumento das despesas com serviços. O primeiro fenômeno faz com que os preços industriais cresçam mais devagar que os demais, efeito que se mostra com mais intensidade no IPP. No segundo caso, há serviços, como os da área médica, que, pela crescente sofisticação, têm aumentado de preço. Já entre os tradicionais, os aumentos de produtividade são menores do que na indústria, reforçando a tendência de longo prazo de descolamento entre preços ao consumidor, onde os serviços pesam quase 70%, e ao produtor.

No Brasil, a relação entre os dois índices é constantemente abalada por choques cambiais. No início dos anos 1980, houve dois episódios de desvalorizações cambiais, representados por quedas acentuadas no gráfico. Mais à frente, de 1994 a 2002, houve um ciclo de grande amplitude em que, primeiro, o câmbio se valorizou e o IPC andou na frente do IPA. Na segunda fase do ciclo, houve duas ondas de desvalorização, em 1999 e 2002. Nesta fase, o IPA superou folgadamente o IPC.

No entanto, nos 10 anos entre a metade da década de 1980 e a metade da década de 1990, quando não houve perturbações cambiais, a relação entre IPC e IPA seguiu, no Brasil, um curso semelhante à trajetória americana. Isto sugere que, em períodos de prolongada calmaria cambial, tornam-se visíveis no Brasil alguns dos fenômenos que têm levado, nos Estados Unidos, o IPC a se elevar frente ao IPP. Portanto, se o ciclo de oscilação cambial iniciado em 1994 tiver se concluído, entraremos novamente numa fase em que o IPC poderá variar mais depressa que o IPA.

O terceiro componente do IGP-DI, o INCC-DI, aumentou 12,87%, em 2002, percentual muito próximo ao registrado pelo IPC-DI. Do mesmo modo que neste índice, também existe no INCC uma dicotomia entre itens comercializáveis e não-comercializáveis. Entre os primeiros, vale citar o aço e o cimento, que tiveram altas de 31,34% e 26,92%. Entre os segundos, os aumentos foram bem menores. Enquanto a elaboração de projetos ficou 12,88% mais cara em 2002, o aumento do aluguel de máquinas não passou de 4,39%.

Nota explicativa

IGP são as iniciais de índice geral de preços. Lançado em 1947, mas calculado retroativamente a 1944, o IGP foi idealizado como um indicador abrangente do comportamento dos preços, à semelhança de um deflator implícito do PIB. Esta abrangência é alcançada por meio da agregação de três índices: o índice de preços por atacado (IPA), o índice de preços ao consumidor (IPC) e o índice nacional de custo da construção (INCC). Os pesos atribuídos a esses índices são, desde o início, 6, 3 e 1, respectivamente. A agregação é feita a partir dos números índices, forma que a FGV tradicionalmente utiliza para a divulgação de resultados.

Com o passar do tempo, o IGP foi ganhando variantes. Em 1969, foram introduzidos os conceitos de disponibilidade interna (DI) e oferta global (OG). No primeiro caso, subtraía-se das ponderações de cada produto do IPA a fração correspondente às exportações. Este procedimento de cálculo tinha por objetivo amortecer as flutuações, por vezes intensas, nos preços internacionais de produtos primários, o café em especial, que seriam consumidos em sua maior parte no exterior. No conceito OG não se efetuava tal ajuste.

Essas diferenças de critério de ponderação foram extintas em 1996. Mesmo assim, foram mantidas as terminações DI e OG para distinguir duas formas de classificação dos produtos integrantes do IPA. O IPA-DI, que faz parte do IGP-DI, classifica os itens que o compõem de acordo com o tipo de uso. As duas classes principais são: bens de consumo e bens de produção. Já o IPA-OG tem sua estrutura baseada na origem de cada item. Seus dois grupamentos principais são: produtos agrícolas e produtos industriais. Um terceiro critério de classificação foi introduzido em 2004, os estágios de processamento. Por este critério, os produtos são distribuídos em três categorias: matérias-primas brutas, produtos intermediários e finais.

Em 1989, época de inflação de quatro dígitos e sucessivos planos de estabilização, teve início o cálculo do índice geral de preços do mercado, o IGP-M. Contratado pela Confederação Nacional das Instituições Financeiras, o IGP-M passou a funcionar como balizador para a determinação da taxa real de juros. Para isto, o seu período de coleta de dados termina, em média, 10 dias antes do encerramento da coleta do IGP-DI. A antecipação possibilita a divulgação dos resultados, preferencialmente no penúltimo dia útil do mês de referência. O IGP-M possui um sistema de apurações parciais ou prévias, concluídas a cada 10 dias, daí as denominações de primeiro e segundo decêndios.

Mais adiante, em 1993, foi lançado o IGP-10, que tem sua coleta encerrada 10 dias antes do IGP-M. Com a criação do IGP-10, a FGV passou a divulgar, a cada 10 dias, um índice com período de coleta de 30 dias, apelidado de índice "cheio". Os períodos de coleta para cada versão do IGP são:

- ❏ IGP-10 — dia 11 do mês anterior ao dia 10 do mês de referência;
- ❏ IGP-M — dia 21 do mês anterior ao dia 20 do mês de referência;
- ❏ IGP-DI — do dia 1º ao dia 30 do mês de referência.

As terminações 10, M e DI aplicam-se também aos três índices componentes do IGP, dando origem a nove configurações, tais como IPA-M, IPC-DI e INCC-10.

Âncoras, metas e núcleos:
uma estabilização em três atos[*]

Em 2004, o Plano Real completa 10 anos. A perspectiva histórica, neste caso, ajuda a relativizar a atual tensão inflacionária. No primeiro semestre de 1994, a inflação anualizada beirou os 6.000%. Em contraste, nestes quase 10 anos de Real, a alta acumulada de preços, medida pelo IGP-DI, está em torno de 200%, o que equivale a pouco mais de 12% ao ano. Somente no final da década de 1940 e início dos anos 1950 houve um período tão prolongado de inflação média nesta faixa.

Isto posto, o Real parece ter sido bem-sucedido como programa de combate à inflação. O sucesso, contudo, não veio sem custos. A primeira fase do plano, caracterizada pelo uso do câmbio administrado como âncora, terminou de forma desastrada, no início de 1999. A flutuação, inevitável naquela instância, pois não havia mais reservas, pressionou a inflação, e o PIB, já cambaleante, foi a nocaute, com mais uma elevação dos juros.

A segunda fase do plano trouxe novidades, como o sistema de metas para a inflação. Trouxe também um draconiano aumento de carga tributária. Uma nova sucessão de choques impôs um teto incomodamente baixo ao crescimento econômico. Entre 2001 e 2003, o PIB cresceu 1,1% ao ano, em média. O PIB *per capita* não se moveu. O baixo crescimento inibiu a criação de empregos e, juntamente com o aumento temporário da taxa de inflação, corroeu o poder de compra dos salários.

Mas ao final de 2003, pelo menos a batalha contra a inflação, a primeira do novo governo, havia sido ganha. A retomada vigorosa da atividade econômica, na passagem do terceiro para o quarto trimestre, criou um clima de forte otimismo nos meios empresariais e políticos. Nas fases de recuperação cíclica, todavia, os sinais iniciais são ambíguos, exatamente porque o processo ainda não amadureceu. Eis que estamos em 2004, quando começam a

---

[*] Originalmente publicado em jun. 2004.

pipocar aumentos de preços na indústria. Ironicamente, a recuperação, que serviu de ponto de apoio para esta nova safra de reajustes, parece ter esmaecido.

Neste cenário, menos virtuoso que o de fins de 2003, crescem as pressões para que o Banco Central recomece a cortar os juros. Não seria má idéia. Embora as informações sejam contraditórias — inflação baixa ao consumidor e alta na indústria —, há fartas evidências de que a demanda final é incipiente, não sendo capaz de absorver os repasses do atacado. Um bom exemplo é o setor eletroeletrônico que, em janeiro, elevou seus preços no varejo em torno de 1%, na esteira de uma alta de quase 5% no atacado. No mês seguinte, os preços no varejo mostraram discreto recuo, indicando que mesmo o aumento de 1% estava sendo, em parte, rechaçado. Ressalte-se que este segmento lidera a recuperação de vendas no comércio.

Um corte dos juros, mesmo pequeno, traria um pouco de alento a empresas e consumidores, neste momento em que a retomada da atividade econômica parece, a muitos, estar se esfarelando. Além disso, parte da pasmaceira começou com a publicação da ata da reunião do Copom de janeiro. O documento dedicou um bom número de parágrafos à ameaça representada pela elevação dos preços industriais, naquele momento ainda no nascedouro.

Para melhor fundamentar suas preocupações, a ata mencionou os resultados da Sondagem Conjuntural da Indústria de janeiro. Segundo esta pesquisa da FGV, 39% das empresas planejavam aumentar preços durante o primeiro trimestre do ano, percentagem acima da média para esta época. Amparado em estatísticas demonstrando o alto grau de correlação entre as intenções captadas pela sondagem e as variações subseqüentes do IPA industrial, o comitê enxergou no risco de disseminação deste novo foco de pressão inflacionária uma justificativa robusta para a interrupção da queda dos juros.

A preocupação do Copom com uma possível escalada dos preços industriais não era descabida. Em novembro de 2003, o IPA industrial teve alta de 0,5%. Em fevereiro de 2004, a taxa de variação havia chegado a 2,3%. Com o reaquecimento da economia mundial, os preços de produtos primários, que o Brasil exporta ou importa, sobem em dólar, e a alta se transmite ao mercado interno. Nos últimos seis meses, uma cesta formada exclusivamente por produtos metálicos, cotada nos mercados internacionais, subiu 20% em dólar. Esses preços ainda não se estabilizaram e talvez haja espaço para subirem mais, se valerem os padrões históricos. A este primeiro choque, somou-se outro, de menor magnitude, resultante de mudanças na forma de cobrança da Cofins, o imposto que financia a seguridade social. Finalmente, foram detectados repasses de preços ao longo de algumas cadeias produtivas, tais como máquinas e equipamentos, onde a demanda está mais encorpada, e fios e cabos, em que o custo da matéria-prima é dominante na formação do preço.

Diante dessa inesperada "gravidez" do IPA, o Banco Central se vê de novo na clássica encruzilhada. Precisa manter a economia desaquecida para evitar a generalização dos aumentos de preços, mas a origem do processo escapa ao seu controle. A contrapartida da severidade monetária, teme-se, pode ser a asfixia do nascente movimento de retomada da produção e das vendas.

O ponto nevrálgico é a obrigação do Banco Central em prosseguir sua marcha forçada rumo ao centro da meta para a inflação em 2004, de 5,5%. Neste ano, tudo indica, não haverá o auxílio de um valoroso aliado de outras campanhas. Em 2003, a agricultura teve um papel decisivo na desaceleração da inflação, no atacado e no varejo. Depois de subir 18,7% em 2002, no embalo do câmbio, os alimentos ao consumidor subiram apenas 8,2% em 2003. Nenhuma categoria de despesa familiar experimentou recuo tão expressivo em sua taxa de variação. Os serviços, por exemplo, encerraram 2003 com alta de 7,3%, elevação 0,02 ponto percentual superior à de 2002.

Não convém esperar a mesma contribuição da agricultura em 2004. A relação de trocas entre produtos e insumos usados na atividade rural, depois de ter-se tornado francamente favorável aos agricultores entre o segundo semestre de 2002 e meados de 2003, voltou aos níveis de 2001. Embora boa parte da produção já tenha sido plantada, ela será o resultado de custos relativamente mais altos e margens mais apertadas do que na safra anterior. Isto é especialmente verdadeiro para produtos de alimentação, como feijão e arroz. Com produção estagnada, qualquer problema climático ou indicação de melhora do poder aquisitivo da população provoca aceleração dos preços.

Outro fato que poderá ter repercussões sobre os preços agrícolas é a gripe do frango, que assola os países asiáticos. A maior procura por produtos brasileiros de origem animal, em substituição aos daquela região, além de capitalizar os pecuaristas nacionais, ajudará nossas exportações a subir outro degrau. Em compensação, o consumidor brasileiro poderá pagar mais caro. Uma evidência desta possibilidade é a curva de preços futuros do boi gordo na BM&F. O mercado prevê uma valorização de 25% entre maio e outubro deste ano. Para quem acha que aplicação em renda fixa perdeu atratividade...

É possível que em algum ponto de 2004 a meta de 5,5% se mostre irreversivelmente suplantada. Toda meta tem algo de arbitrário. Se em vez de 5,5%, a meta fosse de 6% e a alta do tomate em janeiro tivesse sido de 50% e não de 40%, o que seria perfeitamente possível, bastaria ter chovido dois ou três dias a mais, e o Banco Central estaria na mesma sinuca. O problema pode ser atenuado entendendo-se a meta como um intervalo e não como um ponto. A escolha da largura do intervalo também tem seu quê de arbitrário.

Mais complicado que as aleatoriedades meteorológicas é aquilo que já se sabe de antemão: o Banco Central não tem a capacidade de interferir uniformemente sobre todos os preços. Importados e legumes, estes com sua descomunal volatilidade, são exemplos de itens em que a influência do Banco Central é limitada. Estas limitações levam a instituição a exercer sua autoridade monetária sobre um conjunto menor de preços, que devem cair ou desacelerar numa proporção que compense a baixa sensibilidade dos demais. A conseqüência é o aumento da taxa de sacrifício, isto é, o PIB perdido no combate à inflação, por conta da dose extra de restrição monetária.

Para aumentar a eficiência do sistema de metas, talvez fosse oportuno estudar a sério e profundamente a substituição do índice de preços oficial como parâmetro de referência. Os sinais emitidos por um índice "cheio", que carrega volatilidades e choques, além de imprecisões de medida, podem enganar a política monetária, pelo menos a curto prazo. Basta ver a dificuldade e as controvérsias geradas na interpretação dos resultados dos principais índices. Nesta linha, os chamados núcleos de inflação — e há uma variedade deles — guardam maior correspondência com a condução da política monetária. Contra a sua utilização como referenciais para o sistema de metas pesa uma vaga insinuação de pouca transparência. Há também um certo temor de que o uso do núcleo seja tomado como manifestação anacrônica de expurgo, prática que originou intermináveis pendengas judiciais.

Quase 10 anos de desindexação salarial, no entanto, poderiam amenizar este temor. Muito mais nociva ao emprego e, por tabela, ao rendimento do trabalho do que o fantasma do expurgo ou de outras formas de manipulação é a permanência da taxa de juros em nível excessivamente elevado. A meta não é para ser tratada como vaca sagrada. Discutir o aprimoramento do sistema através do desenho criterioso de um índice de referência não tem por que minar sua credibilidade, duramente conquistada. Se a possível mudança for bem-feita, com transparência e sem surpresas, a credibilidade poderá até ser aumentada.

Cabe esclarecer que esta é apenas uma entre muitas medidas que ainda precisam ser tomadas para que a estabilidade de preços seja conseguida a custos menores do que os atuais. De muito maior alcance é a institucionalização da independência do Banco Central, lamentavelmente adiada por uma conveniência política. Num contexto de autonomia da instituição, boatos sobre demissões de presidentes e diretores e a instabilidade deflagrada por estas notícias não prosperariam.

Mesmo que a inflação de 2004 supere a meta de 5,5%, mas termine o ano em suas proximidades, o Brasil estará no bom caminho da estabilização. Países que hoje exibem taxas de Primeiro Mundo, como o Chile e Israel, trilharam longos e árduos percursos, que incluíram retrocessos e descumprimentos de metas. O Brasil, pelo que já fez na matéria, tem todas as condições de atingir este estágio.

Esqueletos inflacionários*

Julho marcou o 10º aniversário de lançamento do real. A data já não comporta disputas de paternidade ou acusações de oportunismo político, como nos primeiros tempos. Dez anos depois, a vida em um ambiente de (quase) estabilidade de preços tornou-se um ativo cuja preservação é do interesse geral. De 1996 em diante, os preços ao consumidor encerraram o ano com variações expressas em apenas um dígito. Desde que se computam séries contínuas de taxas de inflação no Brasil, nunca houve seqüência tão longa de valores tão baixos.

Nem por isso o sucesso é garantido. O combate à inflação vem sendo travado em tempo integral, sempre sujeito a reveses. Nesse mesmo mês de julho, dois fatos, à primeira vista independentes, provocaram novas perturbações nas expectativas inflacionárias. Um deles, cujo impacto sobre os índices de preços já pode ser plenamente estimado, é a aplicação, parcelada em setembro e novembro, do resíduo da correção da tarifa de telefonia fixa. A origem do resíduo está na correção do preço deste serviço, em julho de 2003, de acordo com o IPCA. Naquele momento, este índice acumulava uma taxa de variação em 12 meses aproximadamente 10 pontos percentuais inferior ao IGP-DI, previsto nos contratos.

O outro fato, de conseqüências por ora mais difusas, é a possibilidade de que os preços dos planos de saúde contratados antes de 1999 sejam reajustados segundo taxas cerca de oito vezes maiores do que o percentual estabelecido para os contratos firmados nos últimos cinco anos. A complicação aqui é maior do que no caso da telefonia, por conta da diversidade das cláusulas de reajustes. Isto dá margem a discussões judiciais que podem retardar, por prazo desconhecido, o desfecho da questão e, com ele, a correta avaliação do efeito inflacionário. O esqueleto, por enquanto, permanece no armário.

---

* Originalmente publicado em ago. 2004.

Um ponto de contato entre as duas questões é o fato de terem se originado em setores regulados. Na telefonia fixa, a concentração é inevitável. Nos planos de saúde, a concorrência não evita a discriminação de preços, sobretudo contra consumidores de idade mais avançada. São falhas de mercado, para as quais não existem saídas elementares. A regulação procura amenizá-las, estabelecendo preceitos que defendam consumidores sem inibir produtores. Na teoria! Na prática, as agências reguladoras não escapam de um certo contorcionismo político.

Nos dois setores, como de resto na própria economia brasileira, as agências são criações recentes, mais novas do que o próprio real. Há flagrantes divergências de entendimento sobre o papel que devem exercer. O resíduo da tarifa telefônica de 2003 perturba a inflação de 2004 porque a agência reguladora, em tese independente, foi desautorizada pelo Executivo federal, com o amparo da primeira instância judiciária. O imbróglio dos planos de saúde tem como data de referência a própria criação da agência reguladora, que nasceu para arbitrar um jogo em andamento.

Outro ponto em comum e, pode-se dizer, positivo entre as duas situações está na atuação das instâncias superiores do Judiciário, acionadas para pôr fim aos conflitos. O Superior Tribunal de Justiça, no caso da telefonia, e o Supremo Tribunal Federal, na questão dos planos de saúde, foram claros e taxativos, reafirmando a validade dos contratos. Apesar da confusão imediata, especialmente no caso dos planos de saúde, as decisões contribuem para a construção de um ambiente mais propício ao florescimento dos negócios.

Tudo estaria muito bem, ao sabor do aprendizado institucional, se não houvesse o compromisso do Banco Central em impedir que a inflação ultrapasse a taxa de 8% em 2004. Este valor já inclui a faixa de 2,5 pontos percentuais que podem ser adicionados à meta central de 5,5%, em casos de choques de oferta. Tantas e tão intensas foram as ocorrências de fenômenos desta natureza este ano, que o BC não teve escolha senão abandonar, já há algum tempo, o centro da meta como alvo de sua política monetária.

O problema é que a faixa de tolerância corre o risco de se esgotar com a acomodação desses dois novos choques. Embora não possam ser tratados como choques de oferta no sentido rigoroso da expressão, os impactos inflacionários produzidos pela concessão dos reajustes represados da telefonia e dos planos de saúde são comparáveis aos resultantes daquelas perturbações. Se, em face desses impactos, o cumprimento da meta se mostrar ameaçado, não poderão ser descartadas novas investidas do BC no terreno da austeridade monetária.

Passado o sufoco, esse duplo episódio deixa lições. É preciso trazer à luz os esqueletos que ainda se escondem nas dobras da regulação. Aperfeiçoá-la para evitar novos sustos é parte do caminho iniciado com o real para se chegar a uma inflação verdadeiramente baixa. Enquanto isso, todo cuidado é pouco na condução da política monetária.

Tremores inflacionários*

Depois de algum tempo na geladeira, volta ao noticiário a expressão *recomposição de margens*. Trata-se de um eufemismo para aumentos de preços por parte das empresas, que teriam como justificativa a alta em escala global das matérias-primas, em especial o petróleo. Embora essas pressões de custos já venham se manifestando desde o início do ano, o ambiente se torna mais receptivo a reajustes, com os sinais agora generalizados de expansão cíclica da economia. Assistiremos a uma avalanche de aumentos capaz de soterrar a meta de inflação?

Provavelmente não. A alta das matérias-primas, em alguns casos superior a 50% em dólar nos últimos 12 meses, tem limite. Este limite é dado, em primeira instância, pela própria desaceleração da atividade econômica mundial, em conseqüência da alta das matérias-primas. Pela interdependência, as duas variáveis tendem a limitar-se mutuamente. Se o mecanismo falhar, os bancos centrais tornam-se mais ativos, ainda que a um custo recessivo mais elevado.

No Brasil, que tem uma economia cada vez mais aberta às influências dos preços internacionais (mesmo com o contra-exemplo temporário dos combustíveis), a transmissão das pressões de custos aos preços finais, na proporção devida, fatalmente ocorrerá. É natural que as empresas procurem trabalhar com margens mais confortáveis. A questão é a velocidade e o grau de simultaneidade deste processo. Ninguém deve esperar que ele se conclua até o final do ano, o que provocaria um certo frenesi inflacionário. Afinal de contas, o banco central brasileiro já tem uma reputação a zelar. Mas também não será a perder de vista.

Ao mesmo tempo, vale lembrar que recuperação de margens também é um processo limitado, *once and for all* no jargão econômico[19]. A competi-

---

* Originalmente publicado em set. 2004.

[19] Processos que ocorrem apenas uma vez.

ção existente em cada mercado impõe um teto para o reajuste dos preços. A persistir o quadro atual, portanto, não há motivo para maiores inquietações quanto ao cumprimento de metas inflacionárias. Teremos, sim, nos próximos meses, um caminho mais arrastado de redução da inflação, com progressos menos visíveis.

Enquanto isso, os índices de agosto detectaram nova rodada de aumentos de preços de hortaliças e legumes. No IPC-S, por exemplo, a variação deste grupo de produtos passou de 2,04% para 7,39%, entre as apurações de 26 de julho e 13 de agosto. Embora essas variações sejam sistematicamente excluídas dos cálculos de núcleos de inflação, por conta da volatilidade e grande alternância de sinais, elas contribuem para a alta momentânea dos índices cheios, que, vistos no seu todo, podem reforçar a percepção de aceleração.

Na verdade, sempre que ocorrem altas expressivas como as do tomate, de 18,54%, ou do chuchu, de 22,35%, durante o mês de agosto, há um aumento correspondente na dispersão de preços absolutos. É possível que para alguns consumidores os preços até caiam. Os índices, contudo, não trabalham com preços absolutos, e sim com o que se convenciona chamar de relativo de preço. Trata-se de um fator multiplicativo, calculado para cada unidade de informação, que compara preços atuais com os do mês anterior. Isso significa que índices de preços não identificam o que está caro ou barato, mas o que ficou mais caro ou mais barato.

Este enfoque na variação, e não no nível do preço, frustra e traz contrariedade a muitos usuários de índices. Um produto pode estar caro, para um dado padrão de renda, mas pode ter ficado mais barato. O índice mostra a mudança, mas nada permite afirmar sobre o valor absoluto. O consumidor, por seu turno, privilegia o sentido de valor absoluto, sobretudo quando suas intenções de consumo esbarram na restrição orçamentária.

Se a médio prazo, pelo efeito de reposição das margens, a inflação deve mostrar alguma resistência à queda, no futuro imediato as pressões tendem a arrefecer, já que a alta dos alimentos começa a perder força. Contam a favor também o fim do efeito da correção das tarifas de energia elétrica em São Paulo e de telefonia em todas as capitais.

Miragem inflacionária*

Petróleo e aço foram os vilões. Alguns de seus derivados chegaram a subir mais de 80% no ano. Não fossem as matérias-primas agropecuárias, especialmente as destinadas à indústria alimentícia, que em vários meses registraram quedas em suas cotações, a inflação no âmbito da produção teria sido ainda mais alta. De qualquer maneira, a taxa de variação dos preços ao produtor e foi duas vezes e meia maior do que no varejo. O potencial de repasses criado por este descolamento fez com que o Banco Central, em face do aquecimento da economia, se antecipasse e promovesse uma seqüência de altas moderadas nos juros, com o objetivo de manter os preços ao consumidor nos eixos.

Soa familiar? Pois este, em poucas palavras, foi o cenário da inflação dos Estados Unidos em 2004. Mas as semelhanças com o Brasil são grandes, como grandes são também as diferenças. Usando o critério dos estágios de processamento[20] para decompor os aumentos de preços na produção, uma primeira afinidade entre as duas economias foi a pressão exercida pelo grupo dos bens intermediários, formado por materiais e componentes para a indústria, combustíveis, embalagens e suprimentos: 26,5% no Brasil; 9,8% nos EUA.

Há dois bons motivos para isso: a volúpia siderúrgica chinesa, que encarece não apenas os insumos da cadeia do ferro e do aço, mas também os seus substitutos, e os efeitos do choque do petróleo sobre os preços de combustíveis e derivados não-energéticos. A alta pronunciada dos intermediários demonstra que, como acontece com a americana, é alto o grau de sensibilidade da economia brasileira ao que se passa nos mercados internacionais de bens e serviços.

---

* Originalmente publicado em jan. 2005.

[20] Critério de classificação dos produtos em função do estágio em que se encontram ao longo da cadeia produtiva.

Outro paralelo visível é a alta bem mais comedida no estágio dos bens finais do que no dos intermediários. No Brasil, os bens finais subiram 12,2% e nos EUA, 5%. A diferença não é nada desprezível, mas a proporção entre as altas brasileira e americana neste estágio é a mesma que no anterior. Na etapa inicial do processo produtivo, as matérias-primas brutas subiram 1,1% no Brasil e 25,5% nos EUA. É isto mesmo, os valores não estão invertidos. A razão de tamanha discrepância foi a alta do petróleo bruto, captada em cheio pelo índice americano, mas sem impacto direto no brasileiro. Isto ocorre pois não há preços de mercado de petróleo bruto no Brasil. Esta ausência é uma herança do monopólio estatal na extração e no refino.

Excluindo-se o petróleo, as demais matérias-primas subiram 5% nos EUA e as estritamente alimentares caíram 5,1%. Outra vez, notam-se influências de mercados com formação de preços integrada mundialmente, como os da soja e do milho. A bonança possibilitou que, no estágio final da produção, os alimentos processados subissem 1,2% no Brasil e 2% nos EUA.

Outra semelhança foi o descompasso entre o ritmo de crescimento dos preços na produção e no consumo. No Brasil, as altas foram de 15,1% e 6,1%, e nos EUA de 8,9% e 3,2%, respectivamente. Sempre que se forma um hiato desta ordem de grandeza, surge a pergunta inevitável: haverá a transmissão do aumento de preços ao consumidor?[21]

Como o seguro morreu de velho, os dois bancos centrais colocaram em prática, mais ou menos ao mesmo tempo, políticas preventivas de altas de juros, para dificultar os repasses. Nos EUA, este tipo de manobra é habitual; no Brasil, tradicionalmente às voltas com turbulências, é a exceção ou, numa visão colorida do futuro, quem sabe, a nova regra. Comparar a eficácia das políticas monetárias dos dois países na atenuação das pressões originadas nos estágios iniciais da produção, entretanto, já é outro assunto.

Grandes são também as diferenças entre os dois processos inflacionários. É flagrante o desnível entre as taxas, duas a três vezes maiores no Brasil. Há 10 anos, se poderia dizer não duas, mas 2 mil vezes. Dois fatores circunstanciais, no entanto, concorreram para diminuir o diferencial entre as taxas americana e

---

[21] Ver BARROS, Rebecca W. S.; BRAZ, André Furtado; ARDEO, Vagner. Os estágios da produção ajudam na previsão dos índices de preços ao consumidor?, de *Conjuntura Econômica*, dez. 2004.

brasileira, em 2004. O primeiro foi o controle mais rigoroso dos preços dos combustíveis no Brasil. Enquanto a gasolina aqui subiu 12,6%, lá a alta foi de 47,5%. O segundo foram as taxas de câmbio em rotas opostas: valorização aqui, desvalorização lá; menores pressões inflacionárias aqui, maiores lá.

Ao mesmo tempo, o diferencial foi realimentado pela indexação anual dos preços de serviços de utilidade pública e, por extensão, de alguns serviços privados, como saúde e educação. Este, que é, sabidamente, um fator de persistência inflacionária, não é uma prática genuinamente brasileira. A diferença está nos níveis de correção. Em 2004, a energia elétrica no Brasil subiu 8,5%, e nos Estados Unidos 2,8%. Muito ainda há a caminhar até alcançarmos taxas de inflação de Primeiro Mundo.

Sobre touros, contratos e chuvas de verão[*]

Com o perdão dos astrólogos, no calendário da inflação janeiro é mês de touro.[22] Um cálculo rápido mostra que, na maior parte dos últimos 10 anos, o índice de preços ao consumidor subiu mais no primeiro mês do que na média dos outros 11. Não foi coincidência. O fenômeno tem causas bem conhecidas. A primeira é a sazonalidade, no sentido exato da palavra, que se refere aos efeitos das estações do ano. As chuvas de verão, por exemplo, afetam a produção dos alimentos *in natura*, que não podem ser estocados e por isso respondem com aumentos de preços no terreno dos dois dígitos. A segunda causa é a regularidade de reajustes de certos preços, que, por analogia, pode ser chamada de sazonalidade contratual. Em janeiro, é a vez das mensalidades escolares.

Em termos de influência sobre a taxa de inflação do mês, os itens *hortaliças e legumes* e *cursos formais*, que somados correspondem a pouco mais de 7% do IPC, contribuem, em média, com aproximadamente 0,5 ponto percentual. Este valor, que em certos anos pode ser maior e em outros menor, funciona como uma espécie de piso para o que se espera da taxa mensal de inflação. Por isso, é comum que se computem para janeiro taxas superiores a 1%. O aumento da inflação nesse caso não deve surpreender nem ser confundido com o efeito de repasses, ao consumidor, de altas de preços provenientes da indústria.

Os dois itens mencionados, com participação majoritária na taxa de inflação de janeiro, têm propriedades estatísticas bem distintas. O primeiro tem preços voláteis, que sobem com força nos meses iniciais do ano, mas caem com intensidade similar no final do primeiro semestre. O segundo concentra sua influência em janeiro. No resto do ano, há variações residuais de preços, tanto para mais quanto para menos. Essas flutuações, porém, não representam mais do que 5% de tudo o que o item *cursos formais* varia durante o ano. Em índices de preços calculados por outras instituições que não a FGV, o efeito se prolonga até fevereiro. De qualquer maneira, não ultrapassa o bimestre.

---

[*] Originalmente publicado em fev. 2005.

[22] Nos mercados acionários, o touro simboliza os investidores que apostam em alta, ao contrário do urso.

Outra característica diferenciadora dos dois itens é o grau de uniformidade com que são consumidos. As *hortaliças e legumes*, com pequenas diferenças de quantidade e composição, fazem parte da mesa e do orçamento de quase todas as famílias, independentemente de renda, região, faixa etária etc. O item apresenta, portanto, elevada uniformidade socioeconômica em seu padrão de uso. O mesmo não se pode afirmar dos *cursos formais*. Com subdivisões para captar o efeito dos reajustes em todos os níveis educacionais, da pré-escola à pós-graduação, o item *cursos formais*, de acordo com a POF da FGV de 2002/03, absorve aproximadamente 4,4% dos orçamentos das famílias com renda entre um e 33 salários mínimos. Este valor é compatível com estimativas de consumo familiar, feitas pela decomposição do PIB.[23]

Ocorre que ensino particular é um serviço normalmente consumido por famílias de classe média, com filhos até a faixa dos 25 anos. Diferentemente do tomate e da cenoura, a despesa com ensino particular absorve parcela destacada do orçamento desse conjunto de famílias, mas quase nada das demais. Recorrendo outra vez à POF para ilustrar essa afirmação, o peso da educação privada no orçamento das famílias que efetivamente a consomem pode facilmente alcançar os 15%. Para as famílias com renda inferior a cinco salários mínimos, o peso é de menos de 2%. Se o critério de segmentação for o de idade, um exemplo extremo é o das famílias formadas exclusivamente por pessoas acima de 60 anos. Para esse grupo, o peso da educação é de apenas 0,3% do orçamento.

Em resumo, o aumento da inflação ao consumidor em janeiro apenas repetiu o fato estilizado. Melhor para a condução da política monetária, sempre avessa a surpresas. Para as famílias com filhos na escola particular, sobre as quais se concentram os efeitos dos aumentos das mensalidades, resta lembrar que esta não é uma simples despesa, que produz bem-estar momentâneo. Trata-se de um investimento, que geralmente se paga, embora o tempo de espera do retorno, sob a forma de elevação permanente nos rendimentos dos filhos, seja especialmente longo. Quanto ao touro, não incendiou a torcida.[24]

---

[23] Estima-se que a receita líquida da atividade privada de educação corresponda a aproximadamente 2,5% do PIB. O consumo das famílias, por sua vez, absorve em torno de 60% do PIB. Logo, a parcela destinada à educação particular é responsável por 4% das despesas familiares com a aquisição de bens e serviços.

[24] A taxa de variação do IPC, em janeiro de 2005, foi de 0,85%, inferior às registradas neste mês, nos dois anos anteriores.

Aperto calibrado*

Recentemente, três fatos receberam a atenção da mídia: a desaceleração da atividade econômica, a deflação nos IGPs e a interrupção da seqüência de aumentos da taxa de juros. Articulados, sugerem o desfecho de uma operação bem-sucedida de aperto monetário. Os fatos falam por si, mas o que dizer, por exemplo, das relações de causa e efeito?

Sobre a desaceleração, os dados do PIB do primeiro trimestre são categóricos. A variação em relação ao trimestre anterior foi de apenas 0,3%, taxa equivalente a 1,2% ao ano, a quarta parte do crescimento registrado em 2004. A alta dos juros golpeou os investimentos, estabelecendo o nexo de causalidade esperado entre a política monetária e seus efeitos sobre a atividade econômica. No trimestre, a retração foi de 3%. O consumo das famílias também recuou, 0,6%, apesar da continuação do aumento da massa de salários e das operações de crédito com desconto em folha. Por aí o efeito da política monetária foi mais difuso.

A deflação começou nos IGPs de maio. A primeira manifestação, queda de 0,22% do IGP-M, foi recebida com ceticismo. Afinal, tratava-se de uma forte redução de preços das matérias-primas agropecuárias, enquanto ao nível do consumidor a alta média registrada era de 1%. Para a incredulidade geral das donas-de-casa, a deflação ganhou atenção com o resultado do IGP-DI: –0,25%. De novo, preços no atacado em baixa, ao consumidor em elevação.

À medida que a deflação dos IGPs se aprofundava, mudava também a sua composição. No IGP-10 de junho, por exemplo, a influência dos preços industriais na formação da taxa do IPA de –1,10% equiparou-se à dos preços agrícolas, antes causa isolada. É verdade que os segundos ainda caíram mais do que os primeiros, mas estes têm peso consideravelmente

---

* Originalmente publicado em jul. 2005.

maior. A nova divisão de influências é a imagem da valorização cambial, refletida sobre os índices de preços. O recuo generalizado dos industriais confirma a ação do câmbio como principal fator deflacionista. Aí está o canal mais largo de transmissão da política monetária, que se estreita na passagem do atacado para o varejo, como evidencia a elevação em maio do núcleo do IPC, a parcela do índice mais sensível à política monetária. Em junho, porém o IPC começou a desacelerar-se rapidamente. Neste cenário, enfraquecem-se os argumentos que o Banco Central poderia invocar para prosseguir com a escalada dos juros.

A redução do ritmo de alta de preços ao consumidor, consubstanciada na taxa do IPC-S de 15 de junho de 0,28%, é uma ótima notícia. A velocidade da redução é que é um tanto enganosa. Grande parte da diminuição se deve a fatores passageiros e fortuitos, como a baixa das cotações de hortaliças e frutas ou a trégua entre o fim de um ciclo de alta de preços administrados e o início do seguinte. Outras configurações destes mesmos fatores, que pouco reagem a apertos monetários, poderiam provocar aumentos do IPC.

Mas há uma parcela da desaceleração do IPC que está em sintonia com o IPA. Bons exemplos podem ser encontrados entre os alimentos industrializados e os aparelhos eletroeletrônicos. A transmissão das baixas no atacado ao varejo deve se acentuar, mesmo que o índice como um todo possa inverter sua trajetória e voltar a subir. Isto pode acontecer não só pelas diferenças de composição entre as cestas dos índices de atacado e consumidor,[25] mas, sobretudo, por dinâmicas de preços diversas.

Numa comparação estilizada, as flutuações de preços no varejo são amortecidas e defasadas em relação às correspondentes no atacado. O gráfico ilustra este efeito, colocando lado a lado as taxas de variação dos preços do óleo de soja nesses dois estágios da comercialização. Como se vê, o mecanismo de repasse funciona nos dois sentidos do movimento de preços, isto é, quando estes sobem e quando descem. Valendo a regra, as atuais quedas de preços no atacado devem chegar atenuadas ao varejo.

---

[25] O IPC, ao contrário do IPA, contém preços de serviços, em alta no momento.

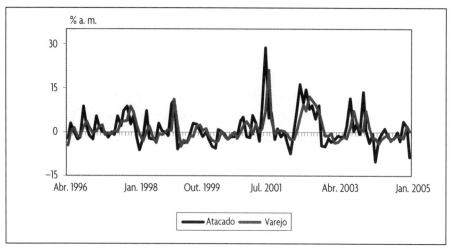

Fonte: FGV.

De volta à seqüência de fatos que inicia este texto, a economia foi preservada de uma recessão por ter sido moderado o aperto da política monetária. Moderados são também os efeitos diretos dessa política sobre a inflação. A vedete do episódio é a taxa de câmbio, que agiu diretamente sobre os preços agrícolas e industriais. De quebra, amenizou a alta dos IGPs, indexadores das tarifas públicas, tornando mais fácil para o Banco Central alcançar a meta para a inflação em 2005. Mas fica a sensação de que a história não acabou. O próximo episódio, sem data marcada, pode ter um título folhetinesco: desvalorizado, câmbio contra-ataca.

Uma história de três deflações*

E m matéria de preços, o Brasil caminha a passos largos para se tornar um país como os outros, em que altas e baixas se sucedem. Um indício, entre muitos, é a reincidência de episódios de deflação, demonstrando que o sistema de preços vem recuperando a flexibilidade perdida nos anos de obesidade inflacionária. Desde 1994, tomando-se o IGP-DI como referência, houve três situações em que se registraram seqüências de taxas negativas de inflação. A primeira se estendeu de agosto a dezembro de 1998, a segunda se deu entre maio e julho de 2003 e a terceira entre maio e setembro de 2005. Quanto às taxas da variação do índice acumuladas em cada episódio, a mais negativa foi a de 2005, seguida por 2003 e 1998. Vale a pena recompor o contexto macroeconômico em que cada deflação ocorreu. Afinal, desde a Grande Depressão, em 1929, quedas generalizadas de preços assustam, pois podem ser sintomas de debilidade econômica.

Em 1998, o terceiro e o quarto trimestres foram de contração do PIB. Recorrendo à regra de bolso dos dois trimestres de queda, está diagnosticada a recessão. Vale lembrar a crise da Rússia, de agosto daquele ano, que abalou a economia brasileira, já um tanto combalida pela crise asiática do ano anterior. No último trimestre de 1998, a produção industrial situou-se 8,5% abaixo do nível registrado no terceiro trimestre de 1997, período que antecedeu o choque vindo da Ásia. Em 2003, pelo mesmo critério de queda do PIB, houve novamente recessão, só que de menores amplitude e duração. Em 2005, o PIB do primeiro trimestre não mostrou queda, ainda que o aumento tenha sido de apenas 0,3%. Mas, no segundo, a recuperação vigorosa, de 1,4%, descartou a hipótese de recessão.

A outra variável relevante para a composição do cenário é a taxa de câmbio. Em 1998, ainda sob o regime fixo, a moeda americana subiu 4,4%, durante os seis meses finais do ano. Em 2003, houve queda de 16,3% nos seis meses encerrados em julho, mês que marcou o fim da deflação. Em 2005, o

---

* Originalmente publicado em nov. 2005.

recuo nos seis meses terminados em setembro, último mês de deflação, foi de 15,2%. Embora os percentuais de queda em seis meses, relativos aos episódios de 2003 e 2005, se pareçam, as trajetórias anteriores são bem distintas. Em 2003, a valorização se seguiu a uma alta de mais de 70% no ano anterior. Tanto é assim que, na comparação de 12 meses, a valorização foi de apenas 1,9%. Já no episódio de 2005, o real veio em rota de valorização contínua, pelo menos desde meados do ano anterior. Em 12 meses, a moeda nacional apreciou-se 20,6% no confronto com o dólar. É possível que a queda gradual e prolongada do segundo episódio tenha pavimentado melhor o caminho para a redução dos preços do que o ziguezague frenético do primeiro. O comportamento dos bens intermediários (ex),[26] com queda de 3,5% durante a deflação de 2005, ante 2,6% em 2003, é indicativo desta possibilidade.

Em suma, dos três episódios de deflação, o de 1998 foi caracterizado por recessão máxima e valorização mínima (a rigor, o que houve foi desvalorização); o de 2003, por recessão média e valorização máxima nos meses imediatamente anteriores à deflação; e o de 2005, por inexistência de recessão e valorização comparável à de 2003, mas que a supera quando se alonga o período de observação. A estes elementos do cenário macroeconômico devem ser acrescidos aspectos de natureza setorial, capazes de influir no resultado do índice geral, como os preços agrícolas e de insumos industriais. A tabela sumariza os três episódios.

Três episódios de deflação após o Plano Real

Ano	Produção industrial*	Taxas de câmbio*	IGP-DI	Preços agrícolas	Preços de bens intermediários (ex)	IPC	Nº de meses
1998	−5,5	4,3	−0,79	−0,72	−1,85	−0,93	5
2003	−0,8	−16,3	−1,54	−4,49	−2,58	0,87	3
2005	5,4	−15,2	−2,05	−10,52	−3,49	0,52	5

Fontes: FGV, IBGE e Banco Central.
*Variação acumulada nos seis meses anteriores ao fim da deflação.

---

[26] Os bens intermediários congregam os materiais e componentes para a indústria, inclusive da construção, suprimentos, como rações e fertilizantes, embalagens e combustíveis destinados à produção, como óleo diesel e óleos combustíveis. É um grupo numeroso e diversificado, que representa aproximadamente 45% do IPA e demonstra elevada sensibilidade aos movimentos do câmbio. Excluindo-se os combustíveis, sujeitos a flutuações de amplitude maior que as dos demais componentes do grupo, obtém-se a categoria denominada bens intermediários (ex).

Uma comparação mais detida entre as deflações de 2003 e 2005, ambas sob o regime de taxas flutuantes, mostra que a maior amplitude da segunda deveu-se não só às duas variáveis macroeconômicas mencionadas — o câmbio e o nível de aquecimento da economia. Em 2005, a deflação teve duas fases, uma primeira, de natureza predominantemente cambial, equivalente à de 2003 em duração e amplitude, seguida de outra, resultante de fatores setoriais. Entre estes, cabe citar a queda de preços de produtos siderúrgicos, matérias-primas agropecuárias e alimentos *in natura*.

Entre maio e setembro de 2005, o segmento denominado *ferro, aço e derivados* registrou variação de preços de –6,77%. Vale destacar, entre os recuos, o do ferro-gusa para fundição, de –30,91%, e o das chapas galvanizadas, de –20,87%. O setor siderúrgico reuniu nesse período diversas condições propícias à queda continuada de preços. Após ter registrado elevação de quase 60% durante o ano de 2004, na esteira da demanda mundial aquecida, o setor iniciou o segundo semestre de 2005 com estoques elevados. O preço internacional caiu mais de 12% nos primeiros seis meses do ano, o que se somou ao corte, pelo governo brasileiro, das alíquotas de importação. Com tantos elementos indutores da redução, é surpreendente que os preços da siderurgia não tenham caído mais. De todo modo, somente no mês de agosto, o segmento contribuiu com 0,27 ponto percentual para a deflação de 0,88% contabilizada pelo IPA.

Entre as matérias-primas agropecuárias, os bovinos, a soja e o milho apresentaram, em 2005, reduções de preços durante o terceiro trimestre, justamente o período de entressafra, quando o comportamento esperado é de alta. No caso dos animais para abate, a queda foi de 4,77% entre julho e setembro, totalizando 16,62% nos primeiros nove meses do ano. Parte desta redução se transmitiu ao consumidor, que chegou a pagar até 10% menos por determinados cortes de carne. Em 2003, os bovinos acusaram alta de 9,11% entre agosto e setembro, tendo sido um dos principais fatores responsáveis pelo término da deflação. Nos últimos anos, os bovinocultores fizeram investimentos para aumentar a eficiência da atividade e isso impulsionou a oferta de animais para abate. Além disso, o clima em 2005 favoreceu a engorda.

Favoreceu também a chamada safrinha do milho, colhida no início do segundo semestre. Diante da maior oferta, o preço acumulou redução de

4,57%, de julho a setembro, ante 1,54% no mesmo período de 2003. Quanto à soja, a abundância do produto em escala internacional deprimiu as cotações, independentemente da fase de entressafra. O preço em Chicago recuou de 696,75 *cents* por *bushel*, em julho de 2005, para 586,62, em setembro, o equivalente a 15,8%.

Houve ainda reduções expressivas nos preços de arroz, feijão, café e leite, itens consumidos direta ou indiretamente pelas famílias. Quedas tão fortes de preços agrícolas não eram observadas há mais de cinco anos. Foi pela grande incidência de reduções entre as matérias-primas e os alimentos *in natura* que a deflação de 2005 chegou mais perto do varejo do que a de 2003. Em ambas, no entanto, as taxas do IPC permaneceram positivas, ao contrário de 1998. Naquele ano, a recessão e a menor influência dos chamados preços administrados tornaram o IPC mais suscetível a quedas.

Apesar de taxas menores nos preços agrícolas e nos intermediários (ex) em 2005, o IPA nas duas deflações mais recentes registrou variações muito próximas. O principal motivo foi a diferença no comportamento dos combustíveis, em queda durante a deflação de 2003, que se seguiu à invasão americana do Iraque, e em alta em 2005, em resposta à escalada do petróleo.

Em perspectiva histórica — afinal o IGP, com mais de seis décadas de registros da inflação brasileira, permite este tipo de avaliação —, nenhum dos três episódios recentes representa a queda recorde de preços. Entre 1947 e 1957, houve cinco seqüências de pelo menos duas taxas negativas. A que acumulou o maior decréscimo foi a ocorrida de abril a julho de 1947. Ao longo desses meses, o nível geral de preços baixou 6,03%. Não se deve, porém, analisar esse episódio com os mesmos referenciais usados para entender as deflações que vieram depois do real. Vivia-se ali o apogeu do "rei" café, responsável por metade das exportações nacionais. Tamanha era a influência do produto que tanto o PIB quanto o IPA eram calculados em duas versões: com e sem a rubiácea. Todo este peso deixava os dois indicadores demasiadamente sensíveis a flutuações mais acentuadas no preço do produto, típicas de *commodities* agrícolas.

Reflexos da deflação*

Nada como um IGP negativo após o outro para trazer de volta ao terreno eminentemente técnico o acalorado debate sobre a indexação das tarifas de serviços públicos. Regidas pelas variações do índice mais conhecido da FGV,[27] as correções dos preços da eletricidade e da telefonia fixa responderam, nos últimos dois anos, por aproximadamente 15% da taxa de inflação ao consumidor.

Esta influência exacerbada é fruto da sensibilidade que o IGP demonstra em relação à taxa de câmbio. Em momentos de ebulição, como os que antecederam a eleição presidencial de 2002, o IGP chegou a superar os 5% em um único mês. Mas a sensibilidade se manifesta nos dois sentidos e a desvalorização recente da moeda americana está fazendo com que o IGP acumulado em 12 meses apresente agora a menor taxa desde a adoção do câmbio flutuante, em 1999. Estimativas do mercado financeiro, divulgadas pelo boletim *Focus*, do Banco Central, já falam em variação inferior a 3% em 2005.

Com a queda desse percentual, caíram também os decibéis do debate sobre a suposta inviabilidade das metas para a inflação, em face da rigidez imposta pela indexação das tarifas. Em quase todos os países, as tarifas públicas, reguladas, têm seus valores reajustados periodicamente por índices de preços, que podem ser de âmbito geral, os mais freqüentes, ou setorial, capazes de refletir os custos de produção de cada serviço público. Num caso ou noutro, se aplicadas de forma automática, as regras de reajuste se convertem em fator de persistência inflacionária.

A Inglaterra, país que liderou o movimento privatizante dos anos de 1980, estabeleceu novos referenciais para a regulação. A fórmula (RPI – X),

---

* Originalmente publicado em set. 2005.

[27] IGP-DI para a telefonia e IGP-M para a energia elétrica são os principais exemplos. As despesas com estes dois serviços representam aproximadamente 8,5% do IPC da FGV.

que celebrizou a chamada *price-cap regulation*,[28] é hoje empregada nos quatro cantos do planeta. O sistema consiste em descontar de um índice de preços ao consumidor (RPI)[29] uma fração representativa do ganho de produtividade a ser alcançado pelo prestador do serviço (X). A empresa regulada é induzida a buscar aumentos de eficiência pela obrigação de repassá-los ao consumidor. Na maioria das indústrias reguladas, o fator X foi aumentado com o passar do tempo.

Apesar da aparente simplicidade, a fórmula inglesa não é uma panacéia. Sua implantação em *terra brasilis* ainda esbarra num dilema original: IGP ou IPCA? Ambos são índices gerais, embora difiram em abrangência: o primeiro contém maior número de itens, espalhados ao longo do processo produtivo, do que o segundo. Sessenta anos de história, o cálculo por uma instituição não-governamental e a maior correlação com a taxa de câmbio atraíram desde logo a simpatia do investidor, favorecendo a escolha do IGP quando da assinatura dos contratos de prestação dos serviços privatizados.

O descolamento entre os dois índices, que em março de 2003 atingiu 16,18 pontos percentuais,[30] fomentou uma enxurrada de críticas contra a escolha, *a posteriori*. A reação mais radical ao uso do IGP foi a substituição deste índice pelo IPCA como indexador da telefonia fixa, no momento em que a distância entre os dois era máxima. Determinado pelo Ministério das Comunicações, este precedente de interferência governamental em contratos foi rechaçado posteriormente pelo Supremo Tribunal Federal e o IGP voltou a balizar os reajustes.

Uma alternativa ao uso de índices gerais é o recurso a índices setoriais, calculados com base em cestas de insumos específicos. O principal argumento em defesa desta modalidade de indexador é a sua maior capacidade de assegurar o equilíbrio econômico-financeiro dos contratos. Os impactos sobre a inflação, a curto prazo, podem ser maiores ou menores do que no

---

[28] Regulação segundo teto de preço. Calcula-se um preço referencial, que pode ser revisto a cada quatro ou cinco anos, em média. No meio tempo, o preço é corrigido por meio da fórmula RPI – X.

[29] *Retail price index* (índice de preços no varejo).

[30] Diferença entre as taxas anualizadas. O IGP-DI registrou variação de 32,75%, e o IPCA de 16,57%.

regime de índices gerais, em função de mudanças nos preços relativos. A longo prazo, contudo, esta diferença de impactos tende a se atenuar.

Embora a utilização de índices setoriais no Brasil já tenha história, sua implantação em situações novas, como a dos serviços privatizados, enfrenta uma desvantagem inicial. As séries calculadas têm extensão reduzida, não sendo possível aos usuários avaliar o comportamento do índice em uma grande variedade de circunstâncias. De concreto, pode-se afirmar que não existe uma solução dominante para tantos dilemas. Esta é uma discussão que precisa ser aprofundada. De preferência, no terreno eminentemente técnico.

Pequena notável*

Em 2005, os IGPs registraram as variações anuais mais baixas desde que são calculados. No caso do IGP-DI, a série histórica compreende seis décadas. Embora, em pelo menos quatro delas, as taxas anuais tenham sido expressas com dois ou mais dígitos, o que descarta de saída dois terços do período para efeito de comparação com as taxas atuais, em três dos 15 primeiros anos as variações foram inferiores a 10%.[31] Na segunda metade dos anos 1990, voltaram a ocorrer taxas de um dígito e, apesar do sobe-e-desce dos IGPs nos últimos cinco anos, é de se esperar que percentuais nesta faixa venham a ser a regra daqui em diante.

Isto não significa que os IGPs não voltem a subir. A expectativa do mercado financeiro para 2006, de acordo com o boletim *Focus*, do Banco Central, é de IGPs ao redor de 4,5%. Taxas anuais inferiores a 1,5%, na atual fase da nossa jornada desinflacionária, resultam de dinâmicas de preços que muito provavelmente não se repetirão no futuro próximo. Afinal, valorizações cambiais da ordem de 20% em períodos de 12 meses não são fenômenos rotineiros. Tampouco o são seqüências de cinco meses de IGPs com taxas negativas, como a que se registrou em 2005, quando a queda geral de preços superou os 2%.

A ligação entre o câmbio e os IGPs se dá principalmente pelo caminho das matérias-primas e insumos industriais, cujos preços no mercado interno alinham-se aos referenciais externos, convertidos pela taxa de câmbio. Estes itens representam mais de metade do IPA, que, por sua vez, pesa 60% nos IGPs. O impacto de movimentos de preços neste estágio chega atenuado ao IPC, que incorpora outros fatores de produção, como transporte, aluguel e divulgação, pouco sensíveis ao câmbio. Por este motivo, a distância entre IPCs e IGPs, em 2005, girou em torno de quatro pontos percentuais.

---

* Originalmente publicado em jan. 2006.

[31] 1947, 2,73%; 1948, 7,96%; e 1957, 6,96%.

Os IGPs, além de indicadores do movimento de preços, são também indexadores de tarifas públicas, aluguéis residenciais e prestações diversas de serviços, tanto ao consumidor quanto entre empresas. Com taxas tão baixas quanto as de 2005 servindo de base para reajustes, este bloco de preços entrará no cômputo dos índices ao consumidor com valores abaixo da média geral, que ainda não venceu, no sentido descendente, a barreira dos 5%. Esta contribuição será decisiva para mais uma rodada de diminuição da expectativa inflacionária, que pela primeira vez começa o ano coincidindo com a meta de 4,5%, perseguida pelo Banco Central. Nos últimos anos, o que se viu foi o efeito oposto, com os preços administrados ou reajustados por contratos oferecendo resistência contínua à queda da inflação.

Por terem na estrutura o IPA, que retrata a produção em seus diversos estágios, os resultados dos IGPs em 2005 permitem antever poucas pressões de custos capazes de se materializar em aumentos de preços ao consumidor. Dois indicadores desta possibilidade são os índices de bens finais (ex) e bens intermediários (ex), obtidos de seus homônimos, após a exclusão de itens com preços muito instáveis.[32] O primeiro focaliza as pressões de alcance mais imediato. O segundo, por reunir itens que ainda têm pela frente diversas etapas de transformação antes de serem consumidos, funciona como sinalizador de médio prazo. O comportamento recente dos dois indicadores afasta qualquer especulação sobre refluxos inflacionários.

A alta dos bens finais (ex) acumulada em 2005 ficou em torno de 1,25%, sendo que no último trimestre as taxas oscilaram entre 0,10% e 0,20% ao mês. Essas taxas refletem essencialmente aumentos de preços de alimentos industrializados, como arroz e açúcar. As carnes, depois do susto da aftosa em outubro, chegaram ao final do ano com preços em queda. Os bens duráveis, na venda industrial, subiram menos de 0,5% ao longo do ano. Produtos como televisores e DVDs acumularam reduções entre 15% e 20%. A exceção foram os automóveis, com alta de quase 10%, inteiramente repassada ao consumidor.

---

[32] No caso dos bens finais, excluem-se da cesta os alimentos *in natura* e os combustíveis destinados ao consumo, e dos intermediários, os combustíveis para a produção.

Para os bens intermediários (ex), a deflação não acabou em setembro, quando os IGPs encerraram a série de cinco taxas negativas, se estendendo pelos meses finais do ano. A queda em 2005 superou os 2%. Destaque absoluto nesta categoria, em termos de queda de preço, foram os produtos siderúrgicos, com redução superior a 6%. O ferro-gusa para fundição, por exemplo, registrou baixa de mais de 35%, recorde setorial. Mas houve outras quedas de amplitude considerável neste setor, como a das chapas finas de aço comum, da ordem de 12%. Produtos químicos, celulose, metais em geral, borracha e plásticos são outros segmentos onde a valorização cambial provocou recuos de preços de 5% a 10%.

Embora propositalmente excluídos dos dois indicadores mencionados, pela conhecida volatilidade, os preços dos combustíveis e demais derivados de petróleo, que chegaram a deixar suas marcas na inflação durante boa parte de 2005, entraram em trajetória de queda nos meses finais do ano. O querosene de aviação, por exemplo, assinalou −22,5% em dezembro. Percentuais como este, captados de forma quase instantânea e sem maiores distorções em relação ao referencial internacional, sugerem que o petróleo, responsável por índices de inflação anormalmente elevados em quase todos os países no ano passado, começa 2006 sem o mesmo potencial ameaçador.

Com a taxa de inflação ao consumidor muito perto da meta, ausência de pressões de custos e baixo grau de inércia, pelo menos na parte do índice sujeita à correção pelos IGPs, e mais, estando a atividade econômica praticamente em ponto morto, há espaço para apressar a redução da taxa de juros. Esta hipótese está na cabeça de dois dos oito membros do Copom, como ficou registrado na ata da reunião de dezembro. Uma aceleração que elevasse o ritmo de queda dos juros de 0,5 para 0,75 ponto percentual, diga-se de passagem, seria apenas o ajuste aritmético em face da mudança de periodicidade das reuniões do comitê, que passam a ocorrer a cada 45 dias, em vez de uma vez por mês.

É praticamente certo que nenhuma ata do Copom citará a proximidade das eleições presidenciais como fator de risco para a inflação em 2006. Mas, assim como em relação à existência das bruxas, há controvérsias a respeito da blindagem política da economia brasileira. Os radicalmente céticos poderão lembrar de 2002, quando a incerteza eleitoral tomou de assalto a economia, o câmbio se desvalorizou mais de 70% e a inflação fugiu do controle.

O paralelo excita a imaginação, mas contém um evidente exagero. Naquele ano, a situação do balanço de pagamentos, com déficit em conta corrente de US$ 7,7 bilhões, era diametralmente oposta, sendo freqüentemente encontrada nas análises sobre as contas externas do país a palavra vulnerabilidade. Sintomaticamente, o termo desapareceu da crônica econômica. O que o Banco Central faz agora é evitar que o câmbio se valorize ainda mais.

O centro das atenções desta vez deve ser a política fiscal e as inevitáveis pressões por afrouxamento dos gastos do setor público. Nos últimos três anos, a manutenção de superávits primários acima de 4,25% do PIB, coisa que não se tinha como certa em janeiro de 2003, deu credibilidade à política econômica. Visto de perto, porém, o esforço fiscal não esconde uma certa distorção, em que os investimentos foram espremidos pelas despesas correntes. Com o eleitorado lhe dando as costas, como indicam as pesquisas de intenção de voto, o governo pode sair em busca do tempo perdido e do investimento esquecido.

Por mais cruciais que sejam para a sustentação do crescimento, no momento de sua realização os investimentos engrossam a demanda agregada. Esta, por sua vez, precisa ser compatível com a oferta, para que não surjam pressões inflacionárias. A oferta agregada no Brasil, pela própria dieta de investimentos dos últimos anos, está à beira da saturação. O nível de utilização da capacidade instalada na indústria, acima de 84%, não deixa dúvidas. A postura fiscal do governo neste ano eleitoral tornou-se a principal incógnita da equação inflacionária. Não será surpresa se a autoridade monetária vier a reforçar o seu costumeiro conservadorismo.

Extremamente fácil[*]

Tida como rigorosa há pouco mais de um ano, a meta de inflação para 2006 (IPCA de 4,5%) já são favas contadas. A expectativa do mercado financeiro, segundo enquete do Banco Central[33] em meados de julho, é de 3,8%, quase dois pontos percentuais abaixo da inflação em 2005, de 5,7%. Se a previsão se verificar, a redução de 33% será a maior em termos relativos, de um ano para outro, desde 1999, quando o sistema de metas foi adotado.

Admitindo-se que a política monetária produza efeitos antiinflacionários com alguma defasagem de tempo, o recuo na taxa esperada para este ano poderia ser considerado fruto da desaceleração (branda) da atividade econômica ocorrida no segundo semestre de 2005. Ocorre que esta desaceleração já deveria ter sido levada em conta pelo mercado na formação de suas expectativas ao início do ano. Naquele momento, e até o final do primeiro trimestre, esperava-se algo próximo de 4,5%. Em outras palavras: com o aperto monetário entre o final de 2004 e parte de 2005, o Banco Central acertaria em 2006. Mas a visão atual no mercado é ainda mais favorável.

A queda nos preços dos alimentos foi decisiva para a *overdose* desinflacionária. Usando o IPC-BR da FGV como referência, o preço médio dos alimentos caiu 3,22% nos seis primeiros meses do ano, 1,93% apenas em junho. Parte se deve aos produtos *in natura,* com recuo de 6,74% no semestre. Reduções de preços nestes produtos freqüentemente resultam de fatores climáticos, que afetam a oferta, para mais ou para menos, com repercussão ampla e imediata sobre as cotações. São fatores fortuitos, sem interferência da política do BC.

Mais expressivo em termos de variedade e participação no índice,[34] o grupo dos alimentos industrializados também registrou diminuição de pre-

---

[*] Originalmente publicado em ago. 2006.

[33] Boletim *Focus.*

[34] O peso dos *in natura* no IPC-BR de junho era de 6,14%, e o dos industrializados 16,33%.

ços: 1,75%. Aqui já se detecta a atuação do BC pela via cambial. A elevação dos juros ano passado, embora não tenha sido o único fator, contribuiu para a valorização do câmbio, que afeta preços de *commodities* importadas, como o trigo e seus derivados, cuja variação, de janeiro a junho, foi de –3,33%. O câmbio influenciou ainda os preços das carnes, que se baseiam em cotações internacionais. As bovinas reduziram-se 7,41% e as de frango 10,98%. A magnitude destes recuos e a forma oscilante como vêm se manifestando sugerem que, em adição ao câmbio, as restrições impostas às exportações brasileiras desta classe de produtos, por aftosa ou gripe aviária, interferiram no resultado. Em alguns meses do ano, a desova no mercado interno de estoques rejeitados no exterior trouxe o preço do frango de volta à faixa de R$ 1, como em 1994.

Outro foco de influência da taxa de câmbio são os bens duráveis, com queda de 2,98% no semestre. Entre as utilidades domésticas, que correspondem a dois terços do grupo em termos de ponderação, o recuo chegou a 4,90%. Destacam-se as televisões, com queda de 9,37%, DVDs, 13,49%, e celulares, 18,17%. Além da redução de custos pela massificação do consumo, os preços destes itens e demais eletroeletrônicos foram comprimidos pelo barateamento dos componentes e pela competição com similares importados, efeitos induzidos pela valorização cambial.

O câmbio também é parâmetro na análise dos serviços, parcela do índice que registra taxas superiores à média. Enquanto o IPC, no semestre, subiu apenas 0,62%, os serviços, que representam praticamente a metade do índice, avançaram 2,56%. Os administrados, com alta de 2,25% até junho, ainda que contribuindo para a elevação do IPC, registraram desaceleração considerável: no primeiro semestre de 2005, este grupo apresentava acréscimo de 5%. A desaceleração está vinculada ao câmbio por intermédio dos IGPs, referenciais para reajustes de tarifas. Sensíveis à cotação da moeda estrangeira, os IGPs assinalaram variações negativas em seis dos últimos 12 meses, totalizando alta de menos de 1%.

Já os serviços prestados pelo setor privado em regime de competição subiram 2,86% no primeiro semestre. Em 2005, no mesmo período, a alta alcançou 3,50%. Houve decréscimo das taxas de variação, mas a um ritmo bem mais lento que o dos serviços administrados. Entre eles, encontram-se os itens barbearia, com alta de 2,42%, academias de ginástica, 3,78%, e oficinas mecânicas, 3,86%. Em comum, apresentam parca sensibilidade ao câmbio e seus preços mudam de curso com certa lentidão. Alguns reagem ao salário mínimo, como unidade de conta ou injetor de demanda. É grande o contraste com os bens de consumo, que no semestre acusaram queda de 1,18%.

Apesar de terem afetado as expectativas para a inflação de 2006, os resultados do primeiro semestre e, em particular, os do segundo trimestre, estão impregnados de efeitos transitórios. Pelo menos o mercado os vê dessa maneira e não os internaliza em definitivo em sua formação de expectativas. Se a inflação do primeiro semestre, medida pelo IPCA, se repetisse no segundo, a taxa de 2006 seria de 3,1%, bem abaixo dos 3,8% previstos pelo mercado. Já a anualização do segundo trimestre levaria a um resultado de 0,4%, realçando o caráter passageiro da atual desaceleração. Não é por outro motivo que a expectativa para o IPCA de 2007 está imobilizada em 4,5% desde o início do ano. Se este quadro se confirmar e a taxa vier a subir levemente em 2007, ainda assim a trajetória de longo prazo de redução da inflação continuará se consolidando. Convém apenas dosar as comemorações pelos resultados de 2006.

Quinze perguntas e respostas sobre a inflação em 2006, 2007 e depois*

P: A inflação de 2006 será a mais baixa da história?

Não. Pelo IPCA, que deve terminar 2006 ligeiramente acima de 3%, será a segunda menor, perdendo para 1998, quando a taxa foi de 1,66%. Pelo IGP-M, que ficará pouco abaixo de 4%, será a terceira menor, atrás também de 1998 e de 2005, este o ponto de mínimo da série, com 1,21%. Agora, se fizermos a média de dois anos, teremos em 2006, para o IGP-M, o menor valor da série. Para o IPCA ainda é o segundo.

P: O que isto significa?

Que a queda observada na inflação é um processo continuado, não uma ocorrência isolada, revertida logo depois.

P: O que fez a inflação baixar este ano?

Oito das nove classes de despesa do IPCA subiram menos este ano, mas em diferentes velocidades. Os destaques foram a menor pressão dos alimentos e a queda das tarifas. Os serviços, de cabeleireiros a oficinas, pouco se alteraram. A alimentação caiu mais de 3,5% em 12 meses, ali na altura de maio e junho. Mesmo com a alta deste final de ano, a inflação deve fechar com uma pequena queda, abaixo, portanto, de 2005. Isto beneficiou as famílias de baixa renda, para quem a alimentação pesa de 30% a 40% no orçamento. Teve também a gripe aviária, que dificultou a exportação e fez o frango voltar a R$ 1. Ao mesmo tempo, os IGPs chegaram a registrar queda de 1% em 12 meses, no primeiro semestre, um fato absolutamente inédito. Com isto, energia elétrica, telefonia, água, aluguéis e outros itens que têm ou tiveram os IGPs como referência para reajustes variaram muito menos este ano do que em qualquer outro da última década.

---

* Originalmente publicado em dez. 2006.

P: O que motivou esses recuos?

O que recuou na alimentação foram os produtos *in natura*, muito oscilantes, mas pouco sensíveis à política econômica. Por trás da redução dos IGPs e, por tabela, das tarifas, há o efeito do câmbio, que se valorizou quase 20% em 2005 e mais uns 7% em 2006. O câmbio também barateou importações de bens de consumo ou de componentes para a fabricação destes produtos. DVDs e televisões caíram de 15% a 20% este ano.

P: Foi por isso que a inflação ficou tão abaixo do centro da meta, de 4,5%?

A inflação ganhou uma âncora cambial de mercado, diferente da usada nos primeiros anos do real. Hoje em dia temos um saldo em conta corrente de mais de US$ 10 bilhões. Em 1998, tínhamos um déficit de mais de US$ 30 bilhões. A valorização do câmbio decorre menos da elevação dos juros do que do efeito China, que em sua febre de crescimento inflaciona matérias-primas e bens intermediários, exportados pelo Brasil. É essa melhora nos termos de troca que explica a manutenção do saldo em conta corrente, mesmo com câmbio valorizado. À medida que o mercado foi percebendo que a valorização não dependia tanto do juro alto e que o câmbio poderia permanecer abaixo de R$ 2,20 por muito tempo, a redução da inflação foi se enraizando. No início do ano, o *Focus* previa IPCA de 4,5% em 2006 e 2007. No segundo trimestre, a previsão para 2006 começou a cair, mas a de 2007 ficou parada até o início de setembro, quando rompeu a inércia. Agora, no final de novembro, já está em 4%. Quer dizer, parte da queda de 2006 acabou se transmitindo para 2007.

P: O Banco Central foi coadjuvante?

Talvez o Banco Central tenha se preparado para um combate mais duro. Afinal, 2006 foi ano de eleição. Uma nota técnica publicada em junho explicava como a inflação tinha se tornado mais resistente depois da campanha presidencial de 2002, quando o risco de uma mudança de condução da política monetária afetou negativamente as expectativas inflacionárias. Mas a autoridade monetária reconquistou sua credibilidade por meio de uma política continuamente rigorosa. É isso que se espera de uma autoridade monetária. E se o câmbio ajudou, ninguém reclama da sorte.

P: Qual a importância desta redução da inflação?

Quando um país entra na faixa de inflação de um dígito, os ganhos são cada vez mais difíceis, exigem mais esforço em termos de política monetária. A redução de 5,7%, em 2005, para 3%, em 2006, é significativa, mas o que importa mesmo não é o tamanho da queda, mas se ela se mantém sem repiques. Em 1998, o IPCA baixou uns três pontos percentuais, mas subiu outros sete no ano seguinte, em resposta à desvalorização cambial.

P: Isso ocorre em outros países?
Claro. Vejamos os exemplos do Chile e do México, que há duas décadas conviviam com inflações bem mais elevadas, indexação, tentativas frustradas de estabilização, repiques etc. O Chile conseguiu baixar a inflação de 26%, em 1990, para cerca de 3%, em 1999, com quedas todos os anos, de três a cinco pontos percentuais na fase de dois dígitos e de um a dois, nos anos seguintes. Daí em diante a inflação passou a alternar subidas e descidas, com média de 3%. Em 2004, a inflação baixou de 3% para 1%. A queda não se sustentou. Em 2005, voltou para 3%. O México fazia um caminho parecido, até um pouco mais acelerado, quando foi abalroado por uma crise cambial. Em 1995, a inflação pulou de 7% para 50%. O processo de redução recomeçou e, em 2001, a inflação ficou pela primeira vez abaixo de 5%. O que a gente vê agora é uma espécie de dois pra lá, dois pra cá. Em 2004, foi 5,2%, em 2005, 3,3% e em 2006, até outubro, 4,3%, o que indica que ela está voltando para a casa dos 5%.

P: Quer dizer que a inflação vai voltar?
Respondendo à moda dos economistas: a curto prazo, sim; a médio e longo, provavelmente não. Em 2007, os IGPs, que têm a função de indexadores, serão maiores que nos respectivos períodos de reajustes em 2006. Por isso, itens como energia e aluguéis vão pressionar mais do que neste ano. Haverá também um movimento generalizado de recomposição de margens, normal após o relaxamento da política monetária. A chamada inércia inflacionária vai reaparecer no debate, depois de ter ficado encoberta pelos ganhos rápidos que o câmbio proporcionou. É muito importante que o Banco Central sinalize a continuidade de sua postura austera para que este ciclo de recomposições seja ordenado e se conclua após algum tempo. Uma boa medida seria diminuir a meta de inflação para 4%, mesmo que para implementação apenas em 2008. O mercado já espera este número espontaneamente, ainda mais depois da queda do petróleo, que afastou a hipótese de reajuste dos combustíveis.

P: E se houver uma desvalorização cambial?
Em primeiro lugar, não é provável. O saldo em conta corrente, que valoriza o câmbio, decorre de uma alteração de preços relativos em escala mundial.

É o efeito China, de que já falamos. Em matéria de preços, nada é definitivo, mas esta configuração não parece mutável a curto prazo. Em segundo lugar, a desvalorização teria como causa principal a reversão do atual ciclo de valorização das *commodities*. Se isto acontecesse, mesmo que prejudicasse o balanço de pagamentos, amorteceria a inflação. Em terceiro lugar, o Banco Central reagiria.

P: Então já se pode dizer que a inflação é um problema superado?
No terreno da inflação, há quem compare o Brasil a um alcoólatra ou mesmo a alguém que teve câncer. Vitórias contra estes males são sempre parciais. Os países avançados, que se consideravam livres da ameaça inflacionária, nos idos de 1970 voltaram a enfrentar taxas superiores a 10% ao ano. Apesar da justificativa dos choques do petróleo, houve erros das autoridades monetárias, que permitiram que as expectativas inflacionárias se desgovernassem. Nessa época era comum se falar na espiral salários-preços como uma fatalidade. O Fed só conseguiu conter a inflação a partir dos anos 1980, sob o comando de Paul Volcker. O custo da estabilização foi brutal, com quedas no PIB em seis dos 12 trimestres entre 1980 e 1982. Mas funcionou como uma espécie de investimento em recuperação de credibilidade, bem-sucedido diga-se de passagem. A prova é que o atual ciclo de alta do petróleo, embora mais gradual que os dos anos 1970, nem de longe representou ameaça para a inflação americana.

P: O que devemos fazer para melhorar nossa gestão monetária?
Estamos vendo no momento a falta que nos faz um banco central independente. Especula-se sobre a substituição do presidente da instituição, dos membros de sua diretoria, tudo ao sabor do calendário político. Um banco central independente impede este tipo de ruído e contribui para a melhor "ancoragem" das expectativas inflacionárias. Outra coisa que nos ajudaria é a definição das metas para a inflação de modo mais transparente. Quais são os pressupostos por trás de cada escolha? Uma terceira medida capaz de melhorar o desempenho da política monetária seria sua coordenação com a política fiscal. Se esta for expansiva, será preciso um aperto monetário maior, o que gera pressões políticas e econômicas, na forma de maiores despesas com o pagamento de juros.

P: A que nível de baixa inflação o Brasil pode chegar?
Alan Greenspan, há uns 10 anos, definiu estabilidade como aquela situação em que os agentes econômicos não levam mais em conta mudanças no nível

Crônica da inflação

de preços em suas decisões. Bonito, mas evasivo. Que número é esse? O Banco Central Europeu, por exemplo, se dá por satisfeito quando a inflação da zona do euro fica abaixo de 2%, em 12 meses. O Banco da Inglaterra, um dos precursores do sistema de metas, também usa o limite de 2%, permitindo que a taxa se desvie até um ponto percentual do objetivo. Podemos pensar para os próximos 10 anos que a inflação brasileira permaneça numa faixa de 2% a 4%, tendo o centro do intervalo como foco. É o que o Chile faz.

P: Então zero não é o limite?
Não. Há um debate acadêmico sobre custos e benefícios da inflação, que se renova periodicamente tanto no plano teórico quanto no empírico. Um tradicional argumento em defesa de um nível remanescente de inflação é o de que ela "azeitaria as engrenagens" do mercado de trabalho, possibilitando ajustes mais rápidos e menos custosos de salários reais. Quando se força um nível de inflação zero, esse facilitador do ajuste se perde, elevando a taxa de desemprego. O contra-argumento é o chamado efeito "areia nas engrenagens". Como a inflação não se transmite por igual, ela provoca alterações de preços relativos que levam a decisões subótimas. No campo empírico, um trabalho do economista Charles Wyplosz,[35] com dados de países europeus, conclui que, para taxas abaixo de 2%, há falta de lubrificação e, por isso, é contraproducente zerar a inflação. Há evidências na mesma linha para os Estados Unidos, que esticam a fronteira para 3%.

P: Se é bom para os Estados Unidos, um pouco de inflação não seria bom para o Brasil?
Estamos falando de 2% a 3%, faixa que o Brasil apenas tangenciou. Nesse aspecto, precisamos reduzir, e não aumentar a inflação. É cada vez mais evidente que as pessoas no Brasil se comportam como em quase todas as partes do mundo, atribuindo à inflação um julgamento negativo. A inflação reduz o padrão de vida e costuma ser acompanhada de piora das condições econômicas, porque surge de choques de oferta ou de políticas populistas, que geralmente exigem correções depois de algum tempo. A rejeição à inflação ainda vai crescer, mas já foi entendida pelos políticos, pelo menos quando estão no poder.

---

[35] "Do we know how low should inflation be?", trabalho apresentado na conferência "Why price stability?", organizada pelo Banco Central Europeu em novembro de 2000.

INFLAÇÃO SETORIZADA

A nova moda dos preços*

Depois de 12 semanas em queda, os preços das roupas no varejo voltaram a subir. Ninguém duvida de que a alta terá impacto sobre os índices de inflação. Impacto semelhante, com o sinal trocado, ao das quedas que agora acabaram. Todo ano é assim. Os preços das roupas diminuem entre janeiro e março e sobem em abril. Esta regularidade é conhecida pelo nome de sazonalidade. É encontrada em muitas séries econômicas e sua principal justificativa está nas mudanças de estações do ano.

O vestuário, para usar a nomenclatura típica dos índices de preços, é uma das classes de despesas do consumidor em que a sazonalidade é mais nítida. Ela é pautada pela chegada nas lojas das coleções outono-inverno e primavera-verão, em abril e outubro, respectivamente. Três meses antes dos lançamentos, os preços começam a cair. No último mês, as promoções se espalham e as quedas de preços se aprofundam. A ordem é liquidar os estoques. Aqui, como em outras situações da vida, o imponderável também faz das suas, distorcendo, ao acaso, os efeitos das estações. Se, num determinado ano, o inverno for inesperadamente brando, sobrarão casacos e aumentarão os descontos.

Em seguida, o ciclo se inverte. A demanda por itens da estação se aquece e os preços tendem a subir. As novas coleções são boas oportunidades para elevação de preços porque há descontinuidade em parte da linha de produtos, seja pela especificidade climática da estação, que traz de volta às vitrines itens temporariamente desaparecidos, seja pelos novos cortes, cores e padronagens, ditados pelos estilistas.

Há razões para a alternância de altos e baixos nos preços do vestuário, ligadas às incertezas da moda, aos sucessos ou fracassos de certos lançamentos. Ainda que desvendar estes mistérios seja tarefa para iniciados, a teoria econômica levanta algumas hipóteses capazes de explicar, ao menos em parte, as variações sazonais nos preços das roupas.

---

* Originalmente publicado em maio 2004.

Quando chegam ao mercado, as novas coleções têm também novos preços. Como determiná-los se o vendedor não sabe que itens, por suas peculiaridades de estilo, terão a preferência do público? Uma estratégia lógica é lançar a coleção cobrando caro por todos os itens. Os favoritos serão vendidos mais depressa. Mesmo habituado às liquidações, que se repetem todos os anos, o consumidor pode preferir comprar na fase de preço elevado. Com isto, não apenas satisfaz seu desejo de consumo imediato como evita a frustração de não encontrar o item procurado, durante a temporada de descontos.

As incertezas quanto à aceitação dos itens das novas coleções são maiores com as roupas femininas do que com as masculinas. Há mais elementos de estilo e maior busca de inovação entre as primeiras. Por isso mesmo as variações sazonais de preços são mais elevadas entre as roupas femininas do que entre as masculinas. O gráfico confirma, para o Brasil, a validade dessa hipótese, verificada em outros países. Os percentuais indicam as variações habituais de preços de cada tipo de roupa. Nos meses que antecedem a coleção outono-inverno, as roupas femininas costumam cair mais do que as masculinas. Após o lançamento, as femininas sobem mais.

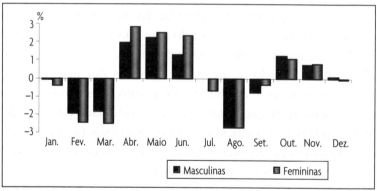

Preços de roupas: variações sazonais*

Fonte: FGV.
* Variações médias típicas de cada mês

Esta linha de argumentação, por mais envolvente que seja, também tem seus senões. Muitas peças do vestuário são convencionais e atravessam anos sem modificações de cores e estilo. Nesses casos, as oscilações de preços são menores. Mas a popularização da moda, uma tendência mundial, pode pouco a pouco alterar estes padrões e ampliar as flutuações nos preços das roupas. Por ora, se sabemos, pela repetição, que as roupas femininas sobem, em média, de 8% a 10% durante o segundo trimestre, esta se torna a nova referência. Já está incorporada às expectativas. Não há espaço para surpresas nem para uso da política monetária. Afinal de contas, o Banco Central, que também cultiva as suas, sabe que moda não causa inflação.

Baixa octanagem*

A intuição popular não está errada: os preços da gasolina sobem depressa quando o petróleo fica mais caro, mas descem devagar quando se dá o oposto. Isto, é claro, nos mercados em que o preço do combustível é livre para flutuar ao sabor das oscilações de demanda e oferta. Estudos feitos com dados do mercado americano de gasolina demonstram que o repasse de uma elevação do petróleo bruto manifesta-se por completo nas bombas em quatro semanas. Reduções ao consumidor, no entanto, podem requerer até oito semanas para se tornar visíveis.

Uma possível razão para este comportamento é a existência de estoques em poder dos varejistas. Quanto maior o estoque, maior a resistência à queda do preço. No sentido ascendente, todavia, a inércia é bem menor, mesmo em face do razoável grau de competição que caracteriza este mercado.

O gráfico a seguir apresenta três ciclos (o terceiro ainda incompleto) de alta e baixa do preço internacional do petróleo, nos últimos 10 anos. O primeiro vai do início de 1994, após o encerramento do ciclo de baixa que se seguiu à Guerra do Golfo, até o final de 1998, quando as crises asiática e russa e a ameaça de contaminação de outras economias, emergentes e maduras, diminuíram a demanda e o preço.

O segundo compreende o período que vai do início de 1999 até meados de 2002 e espelha a fase final do ciclo expansivo da economia americana. Daí em diante, a nova alta reúne fatores de oferta, associados às tensões político-militares no Oriente Médio, à retomada da atividade econômica mundial. Apesar de imprevisível, a reversão deste terceiro ciclo de preços poderá começar a ocorrer mesmo em presença de um cenário de demanda em elevação. Indicação desta possibilidade foi o anúncio da Opep, leia-se

---

* Originalmente publicado em jul. 2004.

Arábia Saudita, de aumento na produção, oferecendo aos importadores aquilo que a revista *The Economist* apelidou de uma verdadeira operação de "redesconto petrolífero".

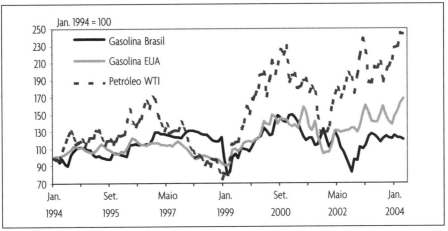

Preços do petróleo e da gasolina (US$)

Fonte: FGV e BLS.

A relação entre o preço da gasolina ao consumidor, no fim da linha, e o preço do petróleo, no começo, depende da estrutura dos mercados de refino e distribuição, que ficam no meio do caminho. No Brasil, a onipresença da Petrobras, especialmente no primeiro desses dois estágios, enfraquece a relação de causa e efeito entre preços do petróleo e da gasolina. O que se vê é a ausência de um padrão de longo prazo. Este grau variável de intensidade de resposta também pode ser percebido pela sucessão de aproximações e afastamentos entre os preços da gasolina no Brasil e nos Estados Unidos, onde o mercado transmite ao consumidor as ondas de preços da matéria-prima.

No primeiro período, a aderência do preço doméstico à referência internacional se dá em grau intermediário, intensificando-se no segundo período e retrocedendo a um estágio de baixa correspondência, que conflita não apenas com o paradigma de economia aberta, mas, sobretudo, com a reorientação privatizante introduzida pela regulamentação do setor petrolífero a partir de 1997. Vale ressaltar que a convergência (ou a divergência) entre esses dois preços pode ser obtida, em adição às alterações nominais das cotações domésticas, pelos movimentos da taxa de câmbio, como em 1999 e 2002.

Mesmo que o preço internacional do petróleo não prossiga em alta, como conjecturado, um largo hiato separa os preços interno e externo da gasolina. Este hiato não deve se modificar imediatamente, uma vez que o aumento autorizado pela Petrobras, em junho, não compensa a desvalorização cambial que elevou o dólar de R$ 2,90 para R$ 3,10, no mês anterior. A defasagem persiste.

Correções de preços da gasolina trazem, a curto prazo, repercussões inflacionárias. Um aumento de 10% se traduz em 0,33 ponto percentual de acréscimo na taxa do IPC-BR. Mesmo diante da certeza deste impacto, a correção freqüente, ainda que não instantânea, dada a volatilidade do preço internacional da gasolina, tem méritos que superam os do regime de reajustes erráticos. A incerteza derivada desta ausência de política alimenta a expectativa inflacionária, mantendo o Banco Central na defensiva.

O descasamento entre cotações domésticas e externas, por outro lado, é danoso aos investidores da Petrobras, tanto os minoritários, cada vez mais numerosos em razão de programas envolvendo, por exemplo, o uso do FGTS, quanto possíveis parceiros em projetos de exploração. Esta é mais uma confirmação do abandono do paradigma privatizante no mercado nacional de petróleo.

Discreto charme*

Ele não tem a vista panorâmica de um índice de preços por atacado. Tampouco tem entre seus elementos os desejos e obrigações que disputam nacos do orçamento familiar e são facilmente reconhecidos em um índice de preços ao consumidor. Em compensação, representa um setor que coleciona virtudes macroeconômicas: empregador generoso, formador de capital de grande embocadura e guardião das contas externas do país porque, mesmo crescendo, pouco pressiona as importações. Acompanhado com expectativa por quase todos aqueles que se endividaram para realizar a principal compra da vida, estamos falando do índice nacional de custo da construção, o INCC.[36]

O INCC mede a evolução dos custos de construções residenciais.[37] Entram no seu cálculo preços coletados em 12 capitais de estados, daí a denominação nacional. O índice teve origem em 1950, com dados levantados somente na cidade do Rio de Janeiro, que, não custa lembrar, era a capital federal. A exemplo dos outros componentes do IGP, o então ICC-RJ teve sua série estimada retroativamente até 1944.

Em 1985, quando a inflação já se havia consolidado no patamar de três dígitos, o ICC-RJ foi substituído, na composição do IGP, por um índice de maior abrangência regional. A razão mais imediata da mudança foram as crescentes e incômodas perturbações causadas no índice geral pelos reajustes salariais dos trabalhadores da construção, que se repetiam nos meses de fevereiro e agosto de cada ano. Mais do que isso, a descentralização da

---

* Originalmente publicado em dez. 2004.

[36] O INCC, com peso de 10%, é um dos três índices que formam o IGP, juntamente com o IPA e o IPC.

[37] As obras de infra-estrutura e de montagens industriais possuem composições de custos diferentes das residenciais, sendo mais bem representadas por índices específicos, como o de obras rodoviárias, do que pelo INCC

atividade econômica no país, com a perda de espaço do Rio de Janeiro, exigia um desenho mais moderno do indicador. O problema já nascia resolvido. Desde 1974, a FGV calculava o índice de edificações, com preços levantados em oito capitais. Este índice vestiu então a roupa de INCC[38] e, diante da nova função de componente do IGP, viu sua cobertura se estender, aos poucos, até alcançar 20 capitais. A partir de 2001, foi reestruturado para cobrir as atuais 12.

Internacionalmente, há dois encaminhamentos conceituais distintos que podem ser seguidos para a compilação de índices de custos da construção: preços de insumos e custos de produtos. O primeiro e, de longe, o de uso mais difundido levanta preços de diversos materiais e serviços, além de salários, e os agrega segundo pesos representativos, obtidos de planilhas de custos de empresas de engenharia. O INCC enquadra-se nesta categoria. O segundo, de elaboração mais complexa, acrescenta a este primeiro levantamento variáveis como produtividade e margens de lucro, para chegar a um retrato mais fiel dos custos dos produtos da construção. Um refinamento do segundo método incorpora também custos do solo, tributação e despesas de corretagem, entre outros itens, espelhando, tanto quanto possível, valores de mercado das habitações construídas. Pela sofisticação metodológica e insuficiência de dados, esta versão do cálculo é feita apenas nos Estados Unidos, Canadá e Espanha.

No Brasil, o INCC é uma combinação de três estruturas diferentes de custos, apelidadas de H1, H4 e H12. A primeira representa casas de um pavimento, com área média de 30 m²; a segunda, edifícios residenciais de quatro pavimentos, com unidades habitacionais de sala e três quartos e área total média de 2.520 m²; e a terceira, edifícios residenciais de 12 pavimentos, com unidades também de sala e três quartos e área total média de 6.000 m². Estas três estruturas, encontradas com especial freqüência nas cidades pesquisadas, foram selecionadas de um amplo acervo elaborado pela Associação Brasileira de Normas Técnicas, contendo dezenas de configurações e padrões de qualidade usados pelos construtores.

O número de itens que entram no cálculo e os pesos atribuídos a eles variam de acordo com a estrutura. Na configuração mais simples, H1, são

---

[38] Continuam a ser publicadas duas séries distintas, porém com os mesmos valores numéricos: INCC e edificações. A duplicidade atende a usuários tradicionais desses indicadores.

computados preços de 38 materiais e serviços. Para a estrutura H4, o número cresce para 47, baixando para 45 em H12. Ao todo, são levantados preços de 51 insumos e 16 categorias de mão-de-obra. Quanto aos pesos, o cimento tem a mesma participação nas três estruturas, atualmente entre 3,6% e 3,9%. Já o item tubos, eletrodutos e conexões de aço ou ferro galvanizado tem pesos crescentes em função da estrutura: 0,8% em H1, 1,1% em H4 e 1,9% em H12.

O INCC não é somente um indicador de inflação ou deflator das contas nacionais. Ele é cada vez mais usado como indexador de contratos habitacionais. Nesta função, tem sido capaz, dentro do possível, de assegurar equilíbrio econômico-financeiro. Para o construtor, por definição, não pode haver índice mais adequado. Para o comprador, cuja renda, em geral, evolui em linha com um índice de preços ao consumidor, a opção não traz grandes ameaças à sua capacidade de pagamento. Isto porque, na cesta do INCC, embora haja produtos sensíveis ao câmbio e a aumentos de matérias-primas, como o aço, as esquadrias de alumínio ou os elevadores, estes itens, quando pressionados por choques, têm seu impacto diluído pela inclusão de serviços, como aluguel de máquinas e refeição pronta, além dos salários, que correspondem a quase 50% do índice.

A variação do INCC praticamente coincidiu com a do IPC entre o segundo semestre de 1994 e meados de 2001. Em quase sete anos, o índice da construção superou o do consumidor em menos de 2%. Desde então, tem havido um pequeno descolamento entre os dois. Vale notar que isto não se deve à flutuação do câmbio. Em 2002, ano da desvalorização, o INCC registrou variação de 12,9%, enquanto o IPC subiu 12,2%. Para se ter uma idéia do impacto cambial, o IGP, naquele período, elevou-se 26,41%. O que tem afastado os dois índices ultimamente é a alta dos produtos siderúrgicos, que atingem em cheio os custos da construção, mas muito indiretamente as despesas familiares. Por conta deste choque, o INCC subiu 11,00% nos últimos 12 meses, enquanto o IPC não foi além de 6,02%. Este movimento parece ser a exceção, e não a regra.

Choque siderúrgico*

O IGP-M de agosto superou todas as estimativas que circularam na mídia. A alta de 1,22%, embora inferior à de julho, reacendeu as preocupações de um novo contra-ataque da inflação. A elevação anormal e exacerbada dos preços de um reduzido grupo de produtos, no entanto, ao se opor à noção de alta generalizada, desfaz em parte estes temores.

O melhor exemplo desta assimetria é o aumento médio dos produtos siderúrgicos, que alcançou 8,19%, a maior taxa de variação desde novembro de 2002 e a segunda mais alta desde julho de 1994. Vale a pena examinar o que se passa com o aço e seus derivados. No ano, até agosto, este grupo de produtos acumulou variação de 40,43%. No mesmo período, o índice correspondente nos Estados Unidos subiu 36,08%. Como a taxa de câmbio tem se mantido estável ao longo do ano, a semelhança entre os percentuais evidencia o papel referencial exercido pelo mercado externo sobre as cotações domésticas.

Esta característica não é exclusiva da produção siderúrgica. Ela é própria dos produtos que podem ser exportados ou importados, os chamados comercializáveis. A comunicação entre os mercados interno e externo, por meio do comércio, promove a equalização dos preços. No caso da siderurgia, a convergência, que já se fazia notar desde o início do ano, ganhou novo impulso. O resultado foi o salto nos preços em agosto, um choque siderúrgico.

Choques são perturbações no funcionamento da economia, com duração e intensidade variáveis. Os mais lembrados costumam ser aqueles que trazem conseqüências indesejadas, como a diminuição da produção e o aumento de preços. Por sua vez, o adjetivo siderúrgico, como toda qualificação, particulariza e restringe o substantivo. Na gramática econômica, trata-se de um choque setorial, que se manifesta na forma de um aumento no preço relativo dos produtos siderúrgicos. Outros dados reforçam esta percepção.

---

* Originalmente publicado em out. 2004.

O aumento da siderurgia, em agosto, ultrapassou com sobras a alta da maioria dos insumos industriais. Segmentos como papel e celulose, borracha, resinas e metais não-ferrosos, mesmo embalados pela voracidade compradora da China, não subiram além de 2% a 3%. O aço se descolou dos demais materiais e seus preços estão subindo agora, mais do que os de outros insumos industriais, devido a razões específicas deste mercado: a demanda está forte e provém de vários setores compradores, a produção anda próxima do limite da capacidade instalada, os preços internos ainda se acham defasados em relação aos externos e, por fim, mas não menos importante, é baixo o grau de competição na indústria.

Isto posto, parece indiscutível a natureza setorial e localizada do choque que perturbou o IGP-M de agosto. A alta da siderurgia neste momento é isolada e difere essencialmente da registrada em novembro de 2002, de 9,78%. Naquela ocasião, vários itens componentes do IPA estavam subindo à mesma (alta) velocidade, em resposta à desvalorização cambial que elevou o dólar de R$ 2,40, em abril, para R$ 4,00, em outubro. Ali estava em curso um legítimo choque macroeconômico, com repercussões inflacionárias no sentido preciso do termo.

Delimitada a ação do choque siderúrgico, não cabe qualquer analogia entre esse evento e o choque do petróleo, que tem, por assim dizer, status macroeconômico. Embora, do mesmo modo que o aço, o petróleo seja um entre muitos produtos existentes, sua influência sobre a economia é incomparavelmente maior. O petróleo participa, como custo, de uma gama muito mais numerosa de bens e serviços e, em parte por isso, atua sobre a formação de expectativas inflacionárias e de desempenho macroeconômico. Uma escalada das cotações, se transmitida ao preço doméstico dos principais combustíveis, potencializa um risco de aumento da inflação em relação ao qual o Banco Central não está insensível.

A distinção entre os choques do aço e do petróleo, de tão evidente, pode parecer desnecessária. Todavia, sempre que os resultados de índices inflacionários contrariam as previsões, o mercado se desorienta, abrindo espaço para conjecturas, nem sempre bem fundamentadas, sobre as causas do desvio. O IGP-M de agosto foi impulsionado pela alta incomum de um segmento, mas o processo inflacionário permanece nos trilhos.

A preço de banana*

A expressão se aplica a quase todos os contextos. Uma casa de leilões no Japão por pouco não vendeu um original de Van Gogh a preço de banana. É muito bom poder viajar a preço de banana. Celular a preço de banana. Leilão de geradora de energia estratégica para o país com lance inicial irrisório, a preço de banana. Estes são apenas quatro dos 32.600 resultados de uma consulta a um conhecido site de busca na internet, tendo como chave a expressão "preço de banana". A comparação se explica pela abundância, que vulgariza a fruta, depreciando-a. Millôr Fernandes inclusive já se referiu à "banalneira". Por que a banana teve este destino?

Um pouco de história talvez ajude a entender. Segundo Câmara Cascudo,[39] os primeiros viajantes à Terra de Santa Cruz dão conta de variedades nativas, chamadas pelos índios de pacovas. Havia também espécies trazidas da África, mas oriundas da Índia, onde eram tratadas por figos. Banana é palavra africana, nome de uma vila situada na foz do rio Congo, à época da colonização brasileira. As pacovas, como a banana-da-terra, não são comidas diretamente, precisando de cozimento. Já as bananas trazidas do outro lado do Atlântico adaptaram-se ao nosso território e acabaram se tornando a fruta mais popular do Brasil. Dá em todo lugar, engorda e faz crescer.

Mas o assunto aqui não é a banana, e sim o seu preço. Como a FGV calcula o preço da banana para o consumidor? Em primeiro lugar, existem diversas espécies de bananas, cada qual com seu tamanho, consistência, teor de açúcar e outras propriedades físico-químicas que podem justificar diferenças de preços. Para incorporar a seus cálculos, de maneira fidedigna, esta diversidade bananeira (e a dos demais produtos), a FGV realiza, periodicamente, a pesquisa de orçamentos familiares (POF). Na mais recente,

---

* Originalmente publicado em mar. 2005.

[39] CASCUDO, Luis da Câmara. *História da alimentação no Brasil*. São Paulo: Global, 2003.

que foi a campo entre 2002 e 2003, a FGV entrevistou 14 mil famílias em 12 capitais de estados e obteve indicações sobre o consumo de mais de 2 mil produtos e serviços, entre os quais oito espécies de bananas.

Excluídas as de consumo residual, foram selecionadas as seguintes quatro variedades para compor o índice de preços ao consumidor (IPC), com os respectivos pesos representativos de sua participação na despesa familiar: prata (0,1830%), d'água (0,0792%), da terra (0,0186%) e maçã (0,0372%). Estes percentuais, à primeira vista, parecem modestos, mas não são. Basta lembrar que o IPC é formado por 476 produtos e serviços. Se todos os itens tivessem a mesma participação na despesa, cada um pesaria 0,21%. Na prática, não há esta uniformidade e a banana-prata, a mais corriqueira, ocupa a 130ª posição, em ordem decrescente de peso. Entre as 30 espécies de frutas que fazem parte da estrutura do IPC, ela é a segunda colocada, perdendo apenas para a laranja-pêra, cujo peso é de 0,2435%.

A POF mostra também as diferenças regionais de consumo. A despesa com banana-da-terra aparece com mais nitidez nas cidades do Nordeste, enquanto a banana-d'água é mais consumida no Sul do país. Outra característica revelada pela POF é a diferença de gastos em função da renda. Como acontece com a maioria dos produtos alimentares, a parcela da despesa familiar com a compra de banana também é maior nas famílias mais pobres.

Conhecida a geografia econômica da musácea,[40] a etapa seguinte é a coleta de preços propriamente dita. Todos os meses, são coletadas em torno de mil cotações de bananas, de cada uma das quatro variedades, com padrões fixos de qualidade, em locais de compra predefinidos (feiras, supermercados etc.) nas 12 capitais. Em seguida, para cada espécie de banana pesquisada em cada cidade, são calculadas médias geométricas das variações individuais. O passo posterior é agregar essas médias geométricas de acordo com o peso de cada capital no IPC. Este peso é calculado com base na população residente. A FGV não calcula uma variação agregada para as quatro espécies.

Em dezembro de 2004, por exemplo, das aproximadamente 600 informações referentes à banana-prata aproveitadas no cálculo, 45% deram

---

[40] Nomenclatura científica da família das bananeiras.

origem a variações positivas, em relação ao mês anterior, indicando altas de preços, 25% não se modificaram e 30% tiveram queda. Como resultado destes comportamentos individuais, o preço médio da banana-prata subiu 4,98%, contribuindo com 0,009 ponto percentual para a taxa de inflação do mês. Em 40% dos locais de coleta, o aumento foi superior à média.

Calculados os índices referentes às quatro variedades de banana, uma coisa é certa. Eles oscilam fortemente, sujeitos a freqüentes perturbações na produção e com pouca possibilidade de estocagem. A notícia a seguir, registrada em um jornal local, é ilustrativa desses movimentos: "O preço da banana-maçã registrou um aumento de 60% nos últimos três meses em Campo Grande e deve continuar em elevação devido à chegada da sigatoca negra ao Estado". Trata-se de uma praga que reduz a oferta ou obriga o produtor a gastar mais com defensivos, elevando os preços. Em ocasiões como essa, cria-se uma contradição semântica e a banana deixa de ser vendida a preço de banana.

Quinze minutos de fama*

Os ovos de galinha tiveram em março aumentos de preço de até 30% no atacado. Altas de produtos *in natura* medidas em dezenas de pontos percentuais são corriqueiras e possuem pelo menos três propriedades: repetem-se com regularidade, são rapidamente seguidas de quedas igualmente espetaculares e a transmissão destes movimentos ao varejo se dá de forma amortecida. Senão vejamos.

Em oito dos últimos 10 anos, o preço médio dos ovos, nos estágios iniciais de comercialização, subiu mais no primeiro trimestre do que em qualquer outro período do ano. Em 2003 e 2004, o aumento de janeiro a março tangenciou os 20%, mas, ao final de cada ano, a variação acumulada foi negativa. A temporada de quedas é o segundo semestre. De janeiro de 1998 a dezembro de 2004, registraram-se variações negativas em 42 dos 84 meses compreendidos no intervalo. Destes 42 meses de queda, 28 foram no segundo semestre.

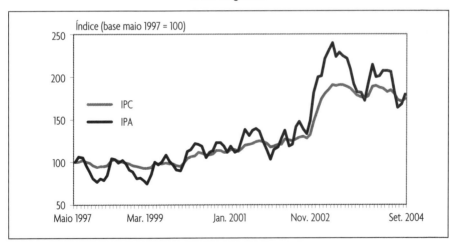

Ovos de galinha

---

* Originalmente publicado em maio 2005.

No varejo, as altas, este ano, não chegaram à fronteira dos dois dígitos. A elevação máxima foi captada pelo IPC-S da terceira semana de março, quando a variação mensalizada ficou em 6,70%. Aliás, esta propriedade vale nos dois sentidos: quedas no atacado também chegam atenuadas ao varejo. A médio prazo, as trajetórias convergem, como se pode ver no gráfico. Não faltam explicações para tamanho sobe-e-desce. Segundo especialistas, o aumento de preço no início do ano é fruto de menor produtividade das galinhas poedeiras, provocada pelo calor. Há quem consiga compensar este efeito investindo em granjas climatizadas, mas esta não é a regra entre os avicultores brasileiros. As altas recentes embutem também repasses de custos, em especial as rações. Estampado nas manchetes econômicas, o ovo foi responsabilizado, de forma apressada, pelo aumento da conta de telefone. O leitor menos versado em assuntos econômicos tem todo o direito de perguntar o que uma coisa tem a ver com a outra.

Pois bem, é óbvio que a conta de telefone não é corrigida de acordo com a variação do preço do ovo. O indexador é o IGP-DI, índice de preços calculado pela FGV. Entram no cômputo do IGP mais de mil produtos e serviços, como os minérios e os bovinos, no estágio inicial do processo produtivo, ou, no fim da linha, as mensalidades escolares e as massas alimentícias, que consomem em sua fabricação, entre outras coisas, os ovos de galinha. De forma direta ou indireta, porém, os ovos não representam mais do que uma fração minúscula do índice.

O segundo aspecto é a regra de indexação. As tarifas de telefone são corrigidas uma vez por ano pela variação acumulada do IGP-DI nos 12 meses anteriores. Em períodos desta extensão, as altas agudas de preços que assolam a produção avícola nos primeiros meses do ano já terão sido compensadas, na maioria das vezes, pelas quedas, tão regulares quanto as altas. Nos sete anos entre 1998 e 2004, a variação do preço do ovo superou a do IGP-DI em apenas dois. No acumulado dos sete anos, a variação do preço do ovo totalizou 121,46% para um IGP-DI de 125,77%. Nos últimos cinco anos, a diferença foi ainda maior: 59,40% para o ovo; 85,02% para o IGP-DI.

Por esta lógica, se poderia até advogar o contrário: o ovo contribuiu para que o telefone subisse menos. O que se deve ter em mente é que o IGP, ou qualquer índice que procure retratar o nível geral de preços, é o resulta-

Inflação setorizada

do do movimento conjunto de todos os itens componentes. Se um deles subiu muito, pode ter sobrado menos renda para consumo, impedindo que outro item suba.

O debate sobre a indexação da tarifa de telefone, e de outros serviços, está polarizado diante da escolha de índices gerais ou setoriais. As duas vertentes têm prós e contras. Valem um texto completo.[41] Este, no entanto, é dedicado ao ovo e seus fugazes momentos de celebridade, que já terão se esgotado até o fim desta leitura.

---

[41] Ver capítulo "Reflexos da deflação".

Carne ou peixe?*

O dilema, antes restrito aos cardápios, bate agora à porta de casa. Com a febre aftosa, que pode se estender aos suínos, e a ameaça invisível da gripe aviária, o pescado tem tudo para virar o prato da vez. Como esta desordem microbiológica afeta a inflação? Tomando o IGP-DI como referência, é possível traçar o impacto em diferentes estágios da cadeia produtiva.

No IPA, entre as matérias-primas destinadas à alimentação, aparecem bovinos, suínos, aves e pescados. Somados, pesam cerca de 8% no índice. Ainda no IPA, no estágio dos bens de consumo, é possível acompanhar a evolução das carnes bovinas frigorificadas, bem como de aves e suínos. Movimentos neste estágio da produção antecipam o que o consumidor terá pela frente.

No IPC, as informações sobre alimentos são levantadas em maior detalhe do que no IPA. No caso dos pescados, a POF, de onde se obtém a seleção dos itens que figuram no índice, identificou 58 tipos, alguns com nomes curiosos, como filhote, anjo e caranha.

Os cortes bovinos são 20, com a alcatra absorvendo a maior fração dos gastos. O IPC ainda apura cotações de seis tipos de carnes suínas, quatro de frango e 14 produtos industrializados como atum em conserva, presunto e lingüiça. Somadas as participações de todos estes itens nas despesas familiares, o dilema do título se trava em 6,34% do orçamento.

Vítima de uma suposta inferioridade nutricional, que não encontra respaldo científico, o consumo de peixe esbarra mesmo é no preço. No Rio de Janeiro, um quilo de namorado em posta custa em torno de R$ 13,70. A alcatra e o contra-filé oscilam na faixa de R$ 9,50. Mais em conta, aparece o filé de peito de frango, na faixa dos R$ 7,00, competindo com a pescadinha.

---

* Originalmente publicado em dez. 2005.

Depois desse rápido passeio pela economia da proteína animal, vamos à dinâmica de preços. Os bovinos, este ano, até o mês de setembro, acumularam uma queda de 17,39%, a maior desde 1994. Em outubro, no entanto, o preço da arroba saltou 8,10%, em resposta à rápida multiplicação dos casos de febre aftosa. A escalada dos preços se deu entre a segunda quinzena de setembro e a primeira de outubro. Daí em diante, os preços se acomodaram, sugerindo que um novo equilíbrio entre oferta e demanda havia sido encontrado.

Este equilíbrio pode ser novamente deslocado tão logo regiões produtoras, hoje à margem do mercado pela ocorrência de focos de contaminação, sejam reintegradas. É possível que a reintegração se dê antes da remoção das barreiras à carne brasileira impostas pelos países importadores do produto. Se for assim, é cabível, nesse meio tempo, esperar alguma queda de preços.

A alta de outubro também pode ser atribuída ao período de entressafra, quando os preços dos animais para abate costumam subir. Mas este fator, como explicação para o movimento ascendente, parece ter importância secundária no presente contexto. Afinal, durante todo o terceiro trimestre os preços caíram, numa inversão inusitada do padrão sazonal, caracterizado por baixa no primeiro semestre e alta no segundo.

No varejo, carne bovina e peixe também exibem peculiaridades sazonais. Em oito dos nove anos compreendidos entre 1996 e 2004, os preços da carne bovina caíram em pelo menos quatro meses do primeiro semestre. Em contrapartida, nos nove anos observados, os preços subiram em pelo menos cinco meses do segundo.

O ano de 2005 se afasta do padrão, ao registrar queda de preços em dois dos quatro meses do segundo semestre já encerrados. A alta de 5,39%, referente a outubro, mesmo que sob o impacto da aftosa, não é recorde. Em 1999, a taxa de outubro alcançou 9,09% e, em 2002, a de novembro ficou em 7,39%. Vale lembrar que, nesses dois anos, houve forte desvalorização cambial, capaz de afetar os preços da carne, produto cada vez mais voltado à exportação.

O sobe-e-desce dos preços de pescados é defasado em relação ao das carnes. O pico sazonal se dá, alternadamente, em março e abril. Daí em diante, seguem-se quedas até setembro ou outubro. Entre as cotações máxima e mínima de cada ano pode haver um desnível da ordem de 10%.

Isto posto, os pescados estão em sua trajetória habitual de aceleração, típica dos meses finais do ano. A queda, de abril a agosto, foi de 4,5%, enquanto as carnes bovinas ficaram, em média, 5,5% mais baratas. Com a alta destas últimas em outubro, a redução anteriormente acumulada se desfez, o que confere uma pequena vantagem em termos de preço relativo aos pescados, até o momento livres do inferno bacteriológico das carnes. Qualquer que seja a decisão econômica do consumidor, dilemas culinários remanescentes poderão ser causados pelo excesso de opções. Afinal, carne e peixe já têm mais de 400 anos de história na mesa do brasileiro.

Gastos das famílias com educação*

As pesquisas de orçamentos familiares (POFs) mais recentes indicam que os gastos com educação representam, em média, de 4,08% a 5,74% das despesas correntes. O primeiro resultado tem como fonte o IBGE; o segundo, a FGV. A comparação é facilitada pela contemporaneidade dos dois levantamentos: ambos foram a campo entre julho de 2002 e junho de 2003. A distância entre as percentagens se explica principalmente pela diferença de abrangência geográfica. A POF do IBGE cobriu todas as unidades da federação, não se limitando às áreas urbanas. A da FGV concentrou-se em 12 capitais de estados.

Nas áreas rurais, a despesa com educação não passa de 1,46% do orçamento doméstico. Proporções tão reduzidas como esta contribuem para que a média calculada pelo IBGE seja inferior à apurada pela FGV. Na outra ponta do espectro está o Distrito Federal, onde só existe área urbana e a renda *per capita* é a mais alta do país. Aí a proporção do gasto familiar com educação sobe, segundo o IBGE, a 5,91%. Pela POF da FGV, a despesa representa 6,25% do orçamento. Esclarecida a diferença entre as proporções calculadas pelo IBGE e pela FGV para as despesas educacionais, o que dizer de sua composição?

Em primeiro lugar, está incluída a chamada educação formal, que engloba o ensino básico e o superior. Em segundo, os cursos não-formais, como línguas estrangeiras, informática, música e dança, entre outros. Em terceiro, aparecem as despesas com livros e material escolar, inclusive uniformes. A fração do orçamento familiar ocupada com cada um desses grupos varia de acordo com a renda. Para as famílias que ganham até cinco salários mínimos — mais da metade da população — a maior parcela é a de material escolar. Se o teto for de três salários, esta classe de dispêndio supe-

---

* Originalmente publicado em nov. 2005.

ra a soma das demais. Mesmo assim, a soma dos gastos com educação, nesta faixa, não vai além de 1,44% do total da despesa familiar.

À medida que cresce a renda, a composição das despesas vai se alterando em favor da educação básica e, mais à frente, do ensino superior. Nos estratos intermediários, entre 10 e 15 salários mínimos de renda mensal, os serviços de ensino básico consomem 1,20% do orçamento. As despesas com material respondem agora por 0,46%, sendo superadas pelos cursos não-formais, que absorvem 0,90%. Daí para cima, o que cresce mais depressa é o gasto com ensino superior. Nas famílias com renda mensal de 30 salários mínimos ou mais, a despesa com educação de terceiro grau corresponde a 2,55% do orçamento, ultrapassando os 2,46% dedicados ao ensino básico. Nesta faixa, a rubrica educação é o destino de 7% do gasto familiar.

Consolidando-se as diversas proporções de gastos com educação, desde os 0,84% dos que recebem mensalmente menos de um salário mínimo e meio até os 7% dos que ganham mais de 30, chega-se aos 4,08% estimados pelo IBGE para o dispêndio médio com educação como parcela do orçamento. Mas, assim como na imagem do sujeito que tem a cabeça no forno e os pés na geladeira, a média neste caso pode ser pouco reveladora daquilo que se passa de fato com as famílias, pois reúne as que gastam e as que pouco ou nada despendem com educação.

Composição das despesas familiares com educação, segundo faixas de renda mensal

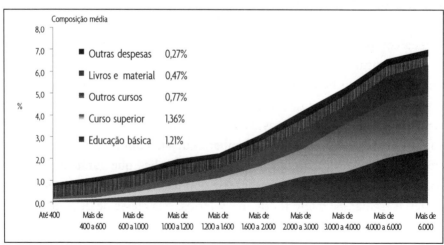

Fonte: IBGE.

Para tornar a estimativa mais precisa é necessário recalcular o gasto médio com educação, incluindo apenas as famílias que efetivamente realizam este desembolso. A POF da FGV permite a identificação das famílias que deveriam participar deste cálculo. Refeitas as contas, surgem proporções de gastos mais condizentes com a experiência cotidiana dos usuários dos serviços privados de ensino.

Para este subconjunto da população, com renda entre um e 33 salários mínimos mensais, as despesas com educação representam, em média, 13,60% dos gastos correntes totais. Além do preço, o percentual também depende do número de filhos matriculados. Trata-se de um percentual quase duas vezes e meia superior ao referente à população em geral, onde se incluem usuários e não-usuários dos serviços educacionais privados.

O mesmo recorte, contendo apenas usuários, indicou que na faixa até oito salários mínimos mensais de renda familiar a proporção média dos gastos com educação alcançou 9,94%. No estrato complementar, de oito a 33 salários mínimos, a fração se eleva a 14,24%. São proporções respeitáveis, que superam compromissos orçamentários tradicionais, como tarifas de energia e telefonia. Capitalizados por 25 anos — o ciclo completo da formação escolar —, os gastos com educação podem exceder o que se convenciona chamar de a principal aquisição feita durante a vida: a casa própria. A maioria das famílias, no entanto, encara a despesa educacional como investimento. Por isso, o esforço se justifica.

A doce vida*

Depois da extração do pau-brasil, a plantação de cana-de-açúcar é a atividade econômica mais antiga a se desenvolver no país. O Engenho do Senhor Governador, em São Vicente, São Paulo, data de 1533, mas há registros de cultivos experimentais anteriores no Rio de Janeiro e em Pernambuco. A introdução da lavoura canavieira no Brasil se deu num período de valorização do açúcar na Europa, contribuindo para a sua expansão. Desde o nascedouro, porém, a história do setor alterna fases de prosperidade e retração, ao sabor dos preços e das ações de governo.

O momento é de doçura, ao menos para os produtores. O açúcar atingiu em janeiro de 2006, em Nova York, a cotação de 16,2 centavos de dólar por libra-peso, quase duas vezes maior do que em abril de 2005 e a mais alta desde julho de 1981. Somente pelo efeito do preço (mantidas as quantidades, superiores a 15 milhões de toneladas anuais), as vendas externas ultrapassarão a marca de US$ 3 bilhões este ano.

Mas a doçura não vem somente do açúcar. O álcool volta a desfrutar, no mercado interno, de um prestígio que parecia perdido no início dos anos 1990, quando eclodiu a crise de abastecimento do produto. No auge da popularidade, mais da metade da cana colhida se destinava à produção do combustível. Após a crise, a participação dos carros movidos a álcool no total fabricado baixou de 95% para 0,05%. Em 1997, foram produzidas apenas 1.120 unidades. A consagração da tecnologia *flexfuel*, afastando os temores de escassez e de choques de preços, permitiu que o volume de vendas de carros movidos (não exclusivamente) a álcool superasse as 800 mil unidades em 2005.

O acaso também favorece. O novo ciclo de alta do petróleo, iniciado em 2003 e sem sinais de refluir, fomenta o interesse pelo uso do álcool carburante por países com frotas automotivas numerosas. Em 2004, dos

---

* Originalmente publicado em mar. 2006.

2.408,3 milhões de litros exportados, 479 milhões desembarcaram na Índia, 425 nos Estados Unidos e 278 na Coréia do Sul. As vantagens em relação ao petróleo não se restringem ao preço. As virtudes ambientais do álcool, reiteradas no Protocolo de Kyoto, são cada vez mais valorizadas.

Com o vigor simultâneo dos mercados interno e externo, a produção de álcool cresce à taxa de 10% ao ano. Este ritmo, no entanto, tem sido insuficiente para acomodar toda a demanda, e o que se viu, durante o segundo semestre de 2005 e início de 2006, foi uma escalada de preços, com alta acumulada de 30,2%. Altas em períodos de entressafra, como agora, são compreensíveis, mas neste momento, mais do que este efeito, a elevação do preço do álcool pode ser sintomática de um desequilíbrio entre oferta e demanda. Medidas como o financiamento de estoques são recomendáveis e podem conter a volatilidade dos preços, mas a correção duradoura do desnível entre produção e consumo deve levar o tempo necessário à expansão da área plantada de cana e ao aumento da capacidade instalada de destilação do álcool.

Os aumentos de preços nas usinas e destilarias chegaram ao consumidor. No varejo, o açúcar subiu 16,87% nos últimos cinco meses — em janeiro, a alta foi de 7,96%. Apesar do aumento, a herança portuguesa faz do consumo de açúcar uma constante. Para as famílias que ganham entre 2,5 e cinco salários mínimos por mês, os gastos diretos com açúcar representam 0,93% das despesas totais. Já na faixa de 18 a 25 mínimos, formada por famílias com poder aquisitivo pelo menos cinco vezes maior, a fração é de 0,21%, quase cinco vezes menor. Em valor absoluto, os gastos nas duas faixas de renda se assemelham. O açúcar também adoça o paladar das famílias brasileiras por caminhos indiretos, como ingrediente de bolos, doces, refrigerantes e sorvetes, elevando o consumo para cerca de 2% do orçamento.

Diferente foi a atitude do consumidor diante da crise do álcool, no final dos anos de 1980. Na ocasião, gasolina e álcool se equivaliam como parcelas da despesa de consumo. Ambos absorviam em torno de 1,8% dos gastos familiares. A edição mais recente da POF, de 2003, mostrou que o peso da gasolina havia subido para 3,3% e o do álcool baixado para 0,4%. A reconquista de consumidores, contudo, é gradativa e não se traduz em recuperação rápida do peso do álcool na composição das despesas. Por isso, permanece atenuado o impacto da alta do preço sobre os índices de inflação.

Desregulamentado desde o fim dos anos de 1990, o complexo sucroalcooleiro encontrou um novo *modus vivendi,* sem subsídios, cotas e outros vícios da intervenção. Mas, como no filme de Fellini, os ciclos da agroindústria passam do doce ao amargo. A agilidade gerencial que conquistou pode fazer toda a diferença quando se defrontar com uma quadra de preços menos açucarada.

Metais em brasa*

Não é baile de gafieira nem nostalgia das *big bands*. De dezembro de 2005 a maio de 2006, o índice de preços de um seleto grupo de metais, divulgado pela revista *The Economist*,[42] subiu cerca de 50%, em dólares. O preço do zinco, usado na siderurgia como anticorrosivo, chegou a aumentar 75% este ano. O cobre avançou 60% e já cresceu quase sete vezes desde novembro de 2001, quando estava cotado a menos de US$ 1.400 por tonelada. O alumínio tem o preço mais alto dos últimos 17 anos, o níquel e o ouro, dos últimos 26. Todos os metais tornaram-se preciosos, observou o economista Peter Richardson, do Deutsche Bank.

O efeito aparece com nitidez nos índices de preços ao produtor. No Brasil, a série metais não-ferrosos, integrante do IPA, subiu 7,40% em maio e acumula 15,93% no ano. O percentual é até modesto, uma vez que o alumínio, um de seus componentes de maior peso, aumentou pouco mais de 10% nos primeiros cinco meses de 2006. Em compensação, o cobre eletrolítico subiu 16,13% em maio e 34,07% no ano, percentuais já em grande parte repassados aos preços dos fios e cabos, a aplicação por excelência do metal. No INCC, a alta dos condutores à base de cobre foi de 18,21% apenas no mês de maio, totalizando 26,13% no ano. A maior alta acumulada, no entanto, é a do zinco: 82,07%. Tudo somado, o impacto dos metais não-ferrosos e seus derivados no IGP, nos primeiros cinco meses de 2006, é de aproximadamente 0,30 ponto percentual, para uma alta do índice geral de 0,61%.

No índice de preços ao produtor norte-americano, conhecido como PPI, o minério de cobre elevou-se 22,6% no ano, até maio, enquanto a média dos metais não-ferrosos avançou 25,1%. No mesmo período, o índice geral, que reúne todos os produtos, subiu 1,4%.

No Chile, maior exportador mundial de produtos do complexo minerometalúrgico do cobre, o índice referente ao setor extrativo teve alta

---

* Originalmente publicado em jul. 2006.
[42] Inclui alumínio, chumbo, cobre, estanho, níquel e zinco.

de 9%, em maio, contribuindo com 2,54 pontos percentuais para a variação total de 2,71%, registrada pelo índice de preços ao produtor. O cobre representa, aproximadamente, 80% do peso da extração mineral neste índice. A influência do metal não se limita à fase extrativa. Na indústria de transformação, a fabricação de fios e cabos avançou 21,8%.

Apesar de intensas nos estágios intermediários da produção, essas pressões se dissipam nas etapas finais. Os componentes eletrônicos à base de cobre ou as chapas galvanizadas revestidas de zinco não pesam na inflação ao consumidor, embora possam representar custos de produção de bens finais. O fato é que, para estancar os repasses, os bancos centrais, diferentemente dos anos 1970, quando as *commodities* industriais atingiram patamares de preços até hoje não reeditados, têm mostrado atenção redobrada. A atitude do Federal Reserve, de prolongar o movimento de alta da taxa básica de juros norte-americana, é sintomática.

Há pelo menos um par de motivos para a alta das *commodities* metálicas. Usando o vocabulário keynesiano, combinam-se a demanda transacional e a especulativa. Desde meados de 2003, a China retomou o velho ritmo de crescimento dos anos 1990, passando a sorver com voracidade grandes volumes de insumos destinados à indústria e à construção. Este último segmento, na economia chinesa, cresce à taxa de 25% ao ano. Nos Estados Unidos, a construção também tem sido um dos pilares da expansão econômica, o que adiciona mais lenha à fogueira.

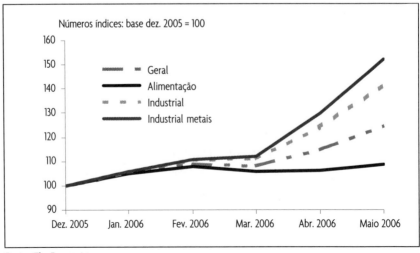

Índice preços de *commodities*

Fonte: *The Economist*.

Apanhada no contrapé, com escassa capacidade ociosa, conseqüência de mais de uma década de baixo investimento, a indústria processadora de metais não parou mais de elevar seus preços. E não há nesse aumento praticamente nenhuma influência de mudança de paridade entre moedas, como em anos anteriores. Afinal, a relação entre o euro e o dólar está inalterada e as *commodities* registraram alta igualmente vertiginosa na moeda européia. É este *boom* de preços de produtos primários que tem permitido ao Brasil combinar câmbio apreciado e megassaldos na balança comercial.

Enquanto o dragão chinês devorava reservas minerais mundo afora, as taxas de juros norte-americanas de longo prazo permaneciam insensíveis ao aperto monetário promovido pelo Fed. Os fundos de investimentos, atentos às oportunidades, dirigiram gordas parcelas de seus recursos aos mercados de *commodities*, que acenavam com possibilidades de retorno muito mais excitantes que os bem-comportados papéis de longo prazo. Esta mesma vertente compradora impulsionou o preço do ouro. Desprezada durante a era Greenspan, a relíquia bárbara parece ainda reluzir para investidores inquietos e desorientados, à procura de abrigo e segurança. No dia 30 de maio, o ouro estava cotado a US$ 660 a onça, quase 60% acima do que valia um ano antes.

A ação dos fundos não apenas fortaleceu a demanda como amplificou a volatilidade inerente aos mercados de *commodities*. O preço do cobre atingiu a marca recorde de US$ 8.800 por tonelada em 11 de maio. No dia seguinte, diante da crescente convicção por parte dos gestores financeiros de que os juros norte-americanos continuariam a subir, o preço caiu 6,7%, baixa incomum para este mercado. A queda é resultado de um movimento coletivo dos fundos, que se desfazem de posições compradas em *commodities* para embolsar lucros. Os mais conservadores não devem retornar tão cedo a estes mercados.

Mesmo caindo, as cotações do cobre permanecem extraordinariamente elevadas. Enfrentar tamanha oscilação é um desafio à gestão macroeconômica no Chile. Dois terços do crescimento das exportações chilenas, que saltaram de US$ 20 bilhões para US$ 40 bilhões entre 2003 e 2005, devem-se ao minério e seus derivados, que já representam mais de metade das vendas externas totais do país. Este aumento de receitas, à parte os óbvios benefícios, traz a ameaça da valorização cambial, capaz de prejudicar e até inviabilizar as exportações de inúmeros setores. Em três anos, o peso se valorizou 35%, protagonizando mais um episódio da chamada doença holandesa.[43]

O ministro das Finanças do Chile, Andrés Velasco, tem uma visão prudente e considera que os altos preços não vão durar muito. Por isto defende que o país poupe a maior parte dos ganhos atuais e os distribua ao longo do tempo. Esta estratégia, aliás, independe da vontade do ministro. Faz parte da regulamentação fiscal, que prevê superávits proporcionais ao preço do cobre. Anualmente, um comitê estabelece o preço referencial para o produto que, uma vez superado pelas cotações de mercado, aciona o mecanismo poupador. Os recursos não chegam a entrar no país, o que contribui para atenuar a valorização cambial.

A visão prudente de Velasco é compartilhada por analistas especializados e confirmada pelos mercados futuros. Seja pela debandada dos fundos de investimento, atraídos pelos juros ascendentes, seja por um esperado esfriamento da economia mundial, a febre dos metais tende a ceder. As dúvidas que persistem são quando e até que nível. Há quem preveja queda de 30% para o cobre e de 20% para o zinco e o níquel em 2007. Vizinhos na tabela periódica de Mendeleev, os três metais são conhecidos como bons condutores de calor. A rapidez com que suas cotações se dilatam e se contraem é uma espécie de transposição para o terreno econômico dessa valiosa propriedade física.

---

[43] *Dutch disease* (doença holandesa): a valorização cambial resultante do bom desempenho de um produto de exportação — gás natural no caso da Holanda dos anos 1960 — em detrimento dos demais setores.

Paulo Coelho e a inflação[*]

A relação entre os dois é assimétrica. O escritor dedica-se a temas imateriais, muito diferentes dos prosaicos aumentos de preços de uma cesta de bens e serviços de consumo. Suas criações literárias, no entanto, são registradas em papel e tinta, tornando-se objetos de desejo, cotados em reais e pagos em dinheiro, cheque ou cartão de crédito. Livros, de ficção ou didáticos, fazem parte das despesas das famílias e desse modo entram no cálculo dos índices de inflação.

A pesquisa, idealmente, se desdobra em duas partes. A primeira é o acompanhamento dos livros já lançados. Os institutos de pesquisa, assim como os jornais e revistas, montam listas de mais vendidos e levantam seus preços. Não há grande mistério nesta parte do trabalho porque o item a ser pesquisado é precisamente definido. A principal decisão é o momento de substituir cada livro por outro mais novo e em melhor posição no *ranking* de vendas. A lista não pode crescer por motivos de custo, ainda que seja desejável reservar espaço para livros que não envelheçam. Este espaço também é limitado por uma questão prática: a dificuldade de encontrá-los.

Uma boa coleta de preços deve percorrer todos os possíveis locais de compra. Livros já não são exclusividade de livrarias. Supermercados e outros grandes varejistas dedicam-lhes prateleiras estrategicamente localizadas. Em algumas regiões do país, a venda em supermercados é superior à de livrarias, escassas e pouco rentáveis. Outro canal, em franca ascensão, é a internet, onde as próprias livrarias e sites de vendas disputam acirradamente a preferência do consumidor, oferecendo descontos e promoções.

A segunda parte da pesquisa é mais complicada do que a primeira, do ponto de vista metodológico. Como medir a evolução de preços de lançamento? Se o livro está sendo lançado, não há base de comparação. Os insti-

---

[*] Originalmente publicado em out. 2006.

tutos de pesquisa no Brasil ainda não incluíram esta etapa do levantamento em suas rotinas. Uma alternativa recomendada em manuais internacionais é calcular a média de preços de lançamento de um conjunto de livros supostamente capazes de liderar vendas, dividir pelo número de páginas e usá-la como indicação.

Há boas razões para que os preços de lançamento subam ao longo do tempo. Uma delas é o custo do papel. Após a alta galopante do dólar no segundo semestre de 2002, o preço dos livros chegou a subir 11,3% nos 12 meses encerrados em junho de 2003. Esta alta, a maior dos últimos 10 anos segundo a FGV, seguiu-se à igualmente recorde elevação do preço do papel usado para impressão, de 44,1% nos 12 meses até maio de 2003. A mesma pressão de custos se transmitiu aos jornais, que subiram 15,3% na ocasião.

Em períodos como aquele, mesmo que os livros subam de preço, editoras, livrarias e autores podem perder margens de lucro, comprimidas pelo aumento dos insumos. A recuperação se dá nas fases de custos minguantes. Em 2005, os livros subiram 4,1%, enquanto o papel recuou 3,8%. O preço de lançamento também retrata as condições de pagamento de direitos de publicação. Uma negociação bem-feita, temperada com uma dose de sorte, permite excelentes resultados à editora, sem que o preço de lançamento se eleve. A expectativa de venda maciça é outro fator a conter o preço de lançamento.

Eis aí o efeito Paulo Coelho. Seu novo livro, que acaba de sair do prelo, é vendido a um preço 30% inferior aos dois anteriores. Isto reduz a média dos preços de lançamento. Ainda que este efeito não seja computado pelos institutos de pesquisa, o escritor contribuiu para baixar o que seria o índice de inflação, na sua construção mais completa.

Segundo a FGV, o peso dos livros no IPC-BR, levantado pela POF 2002/03, é de 0,337, numa escala de zero a 100. Incluem-se neste coeficiente os livros didáticos. Para saber se o peso é alto ou baixo, é preciso comparar. Os gastos com jornais e revistas em geral correspondem a 0,431, na mesma escala. Com CDs, a despesa representa 0,295, cinemas, 0,227 e material escolar (exceto livros), 0,241.

No IPCA, do IBGE, o peso dos livros é de 0,289. Até junho de 2006, o instituto divulgava índices em separado para livros didáticos e não-didáticos. Nos 12 meses anteriores ao encerramento destas duas séries, hoje fundidas, as variações foram de 7,3% e 2,1%. Não é raro o registro de aumentos maiores nos didáticos do que nos demais. Neste caso, as reedições, que contêm acréscimos de conteúdo e adicionais, como CD-ROM, são o elemento potencializador dos aumentos de preços.[44]

Nos Estados Unidos, a parcela do orçamento familiar dedicada aos livros é de 0,371, com os didáticos representando 60% do total. Repete-se a diferença de comportamento entre os dois grupos, observada no Brasil. No caso dos didáticos, a elevação foi de 23% de 2001 a 2005, enquanto no segundo grupo não houve variação de preços. Na França, o peso é de 0,420. Vale lembrar que a despesa das famílias francesas com educação é da ordem de 0,3%, muito inferior à das brasileiras e americanas, o que eleva o peso dos demais itens. Nos últimos cinco anos, a alta de preços dos livros no país foi de 5,7%, o equivalente a 1,1% ao ano.

Pelo que mostra o conjunto de sua obra, Paulo Coelho jamais usará a inflação como ingrediente de suas criações. A recíproca não é verdadeira. No enredo da inflação, o escritor é personagem obrigatório.

---

[44] A rigor, este tipo de aumento de preço contém também um acréscimo de qualidade.

INCURSÕES METODOLÓGICAS

Hábitos de consumo, orçamentos familiares e índices de preços*

A maioria dos índices de preços ao consumidor usa, para cálculo, a fórmula de Laspeyres.[45] A cada apuração, este método eleva as ponderações dos itens cujos preços sobem mais do que a média e vice-versa. Apesar de consagrado pelo uso, o procedimento pressupõe o imobilismo do consumidor, postulando que ele passe a gastar mais com os itens que encarecem, como se não pudesse substituí-los ou, numa saída mais radical, deixar de consumi-los.[46]

Esse tratamento não resulta de descuido técnico. A rigor, pouco se sabe a respeito da reação exata do consumidor a variações de preços. É verdade que existe a lei da demanda, segundo a qual, sempre que o preço de um produto sobe, seu consumo diminui, tudo o mais constante, a chamada condição *ceteris paribus*, onipresente nos livros de microeconomia. Sabe-se também que as reações a aumentos ou reduções de preços não são uniformes. Enquanto para alguns produtos a resposta é quase imperceptível, para outros é intensa e imediata.

A atitude do consumidor diante do sobe-e-desce dos preços tampouco é invariante no tempo. Expressá-la matematicamente para alimentar o cálculo exigiria um esforço contínuo de observação de estímulos e reações, o que é praticamente inviável. Diante da impossibilidade, a hipótese de traba-

---

* Uma versão resumida deste capítulo foi originalmente publicada em jun. 2006.

[45] Ernst Louis Etienne Laspeyres (1834-1913), economista alemão descendente de família francesa, desenvolveu, em 1871, a fórmula para cálculo de números índices (não apenas de preços) que leva seu nome. No índice de preços de Laspeyres, as quantidades iniciais permanecem fixas.

[46] Os índices de preços tradicionais medem regularmente o custo de uma cesta fixa de bens e serviços, onde não há espaço para substituições entre produtos, naturais diante dos movimentos de preços.

lho mais freqüentemente adotada pelos institutos de pesquisa é o conservadorismo implícito no método de Laspeyres.

Esse conservadorismo provoca um gradual e irreversível distanciamento entre a estrutura de consumo vigente a cada instante e a cesta de bens e serviços que representa o índice. O descolamento é agravado pelas mudanças de preferência do consumidor, a favor ou contra itens já existentes, ou pelo surgimento de produtos e serviços ainda sem lugar na cesta de referência. Para restabelecer a representatividade do índice, tornando-o de novo a imagem mais fiel possível dos hábitos de consumo da população, periodicamente os institutos vão a campo realizar a pesquisa de orçamentos familiares, referida no jargão dos profissionais da área simplesmente como POF.

A Fundação Getulio Vargas, por exemplo, realiza as suas desde 1956.[47] Nos meses de junho e julho daquele ano, funcionários da FGV e do Arsenal de Marinha preencheram as "cadernetas domiciliares", registrando diariamente a natureza e o valor do consumo dos diferentes itens de despesa. A pesquisa forneceu ponderações para 85 itens, que formavam o índice de custo de vida da cidade do Rio de Janeiro. Entre 1961 e 1963, foi realizada uma pesquisa bem mais abrangente, que elevou o número de itens no índice para 365.

Nova POF ocorreu entre 1966 e 1967, com resultados incorporados ao índice em janeiro de 1972. Em 1973, apoiada pela FAO, a FGV realizou uma pesquisa sobre padrões de consumo em conjuntos habitacionais da Cohab. A pesquisa se deteve especialmente nas despesas alimentares, o que possibilitou a atualização, em 1974, das ponderações dos itens classificados nesta rubrica. Permitiu também a realização de estudos sobre planejamento nutricional. Utilizando técnicas de programação linear, muito em voga na época, estes estudos[48] mostraram que não bastava encontrar a combinação mais barata de nutrientes, o que poderia resultar em cardápios intragáveis. Era necessário oferecer alguma diversidade ao paladar, além de reconhecer a existência de hábitos que se transmitem entre gerações.

---

[47] Nos primeiros anos de cálculo de índices de preços, entre 1947 e 1956, a FGV se valeu de estruturas de gastos familiares levantadas pelo Serviço de Estatística da Previdência do Trabalho.
[48] Dietas de custo mínimo, Ibre/FGV (1978).

Depois desta, a FGV ainda realizou pesquisas de orçamentos familiares nos seguintes períodos: 1986/87, 1992/93, 1997/98[49] e 2002/03. Em menos de duas décadas, foram efetuados quatro levantamentos, uma freqüência incomum para os padrões nacionais, em razão do alto custo envolvido na operação. Internacionalmente, a praxe é a realização de POFs a intervalos mais curtos.

Nos Estados Unidos, esta pesquisa é contínua desde o final de 1979. Dois levantamentos são feitos de forma paralela e independente.[50] O primeiro, repetido trimestralmente, se concentra em despesas de maior magnitude, como automóveis, eletrodomésticos e aluguéis, realizadas nos três meses anteriores. Cada família selecionada para responder à pesquisa é entrevistada por cinco trimestres consecutivos, deixando a amostra ao concluir o ciclo.

O segundo levantamento tem por objetivo mapear despesas com itens de baixo valor, adquiridos com regularidade, como alimentos, bebidas, medicamentos e serviços pessoais e de residência. As planilhas são preenchidas diariamente, durante duas semanas. As duas pesquisas se baseiam em amostras de 7.500 domicílios. O Bureau of Labor Statistics (BLS), que as conduz, atualiza pesos e altera a relação de componentes do IPC a cada três anos.

Na Inglaterra, o levantamento é feito anualmente pelo Office of National Statistics (ONS), assim como a atualização dos pesos do índice de preços ao consumidor. Nesse caso, o consumo familiar é pesquisado no âmbito das contas nacionais, com o objetivo de mensurar corretamente o PIB, pela ótica da despesa. No Canadá, há uma pesquisa anual sobre despesa familiar complementada por um levantamento mais pormenorizado sobre consumo alimentar, repetido a intervalos mais espaçados, da ordem de cinco anos.

A FGV realiza suas POFs em quatro rodadas, ao longo de 12 meses. Pretende-se, com isto, identificar características sazonais do consumo familiar. Morangos, calças de veludo e livros didáticos, entre outros, são adquiri-

---

[49] Em 1997/98, a pesquisa cobriu apenas Rio de Janeiro e São Paulo. Dois anos depois, a decisão de ampliar a cobertura do IPC de duas para 12 cidades exigiu a realização de um complemento da pesquisa nas 10 novas integrantes. Deve-se, portanto, considerar apenas uma POF, desdobrada em duas etapas, a segunda referindo-se a 2002/2003.

[50] As pesquisas chamam-se *interview survey* e *diary survey*.

dos, na maior parte das vezes, em épocas bem delimitadas. Nas quatro rodadas da POF 2002/03 foram entrevistadas aproximadamente 14 mil famílias. Na sua estrutura mais completa, foi possível relacionar 3.167 itens de consumo, entre os quais, carrinhos de feira, paletó infantil, raquetes de frescobol, melado de cana, aquisição de sepultura e passagens de navio.

Para figurar no IPC-BR,[51] entretanto, cada item deve atender a graus mínimos de participação na despesa total ou em classes específicas de despesa da população representada no índice. Tomados em conjunto, estes critérios excluem do IPC-BR itens que representem menos de 0,01% das despesas de consumo. Alguns são inevitavelmente descartados, mas seus pesos, ainda que minúsculos, são redistribuídos. Outros são reunidos, formando componentes do índice com descrição suficientemente genérica para conter diferentes itens elementares. É o caso do subíndice *médicos*, que tem em sua composição serviços prestados por pediatras, cardiologistas e obstetras, entre outras especialidades. Desde janeiro de 2004, quando foram introduzidos os pesos obtidos da POF 2002/03, o IPC-BR passou a contar com 476 itens, a configuração mais numerosa de sua história.

As ponderações atribuídas aos produtos e serviços da cesta de referência do índice são médias obtidas com base nas estruturas de gastos de cada família participante da POF. Há mais de um procedimento estatístico para se partir do indivíduo e chegar ao coletivo. O método mais usual é o que os manuais chamam de plutocrático, numa alusão um tanto conspiratória ao fato de que as famílias com níveis mais elevados de gastos exercem maior influência sobre a estrutura de ponderação do índice. O que o método faz é somar os gastos de todas as unidades familiares pesquisadas, em cada uma das categorias de dispêndios. Em seguida, dividem-se os totais referentes às diversas categorias pelo total geral, computando-se proporções de gastos que somadas valem 100%.

Uma formulação alternativa, que recebe o nome de índice democrático, tem por ponderadores não a soma dos gastos em valores absolutos, mas a média das proporções individuais de despesas. Desse modo, todas as estruturas individuais de consumo contribuem igualmente para a composi-

---

[51] Índice de preços ao consumidor — Brasil, calculado com base nas despesas de famílias com renda mensal entre um e 33 salários mínimos mensais.

ção do índice. Enquanto no método plutocrático o índice calculado reflete a efetiva estrutura de consumo da população, a construção democrática ressalta a percepção individual da evolução dos preços.

Um exemplo numérico pode tornar mais clara esta distinção. Uma família dedica mensalmente R$ 1 mil à despesa com alimentação, de um gasto corrente total de R$ 5 mil. Uma segunda unidade familiar aloca, para a mesma finalidade, R$ 500 de R$ 1 mil. Ao se calcular um índice de preços que represente as duas famílias, pelo procedimento usual, a despesa com alimentação corresponderia a 25% do dispêndio total. Este percentual resulta da soma de R$ 1 mil com R$ 500, as despesas absolutas individuais com alimentação, dividida por R$ 6 mil, a soma de R$ 5 mil com R$ 1 mil, os gastos totais. O índice democrático teria para a alimentação o peso de 35%. Este novo percentual é a média das duas proporções individuais de gastos com alimentação: 20% na primeira família; 50% na segunda.

A POF 2002/03 da FGV permitiu a quantificação do aumento do peso dos serviços públicos residenciais na despesa familiar, em relação ao levantamento anterior, de 10,86% para 13,76%; encontrou nos domicílios DVDs e celulares em quantidade suficiente para fazer parte do IPC e mostrou que nas 12 cidades pesquisadas o distinto público já gastava mais com internet e TV por assinatura do que com arroz e feijão.[52] No caso dos celulares, mais do que o aparelho, o que conta mesmo é o custo do serviço, cujo peso no orçamento doméstico avançou de 0,46% para 1,30%.

É também do período 2002/03 a POF mais recente do IBGE, que deu origem aos pesos do IPCA e INPC,[53] em vigor desde julho de 2006. A comparação entre as ponderações do IPCA calculadas após sucessivas atualizações, de acordo com o método de Laspeyres, e as obtidas diretamente da POF, dá a medida da distância que pode separar a cesta em uso e a real estrutura de consumo da população. A data de referência para a compara-

---

[52] Este é um resultado médio, que se verifica de forma mais acentuada nas famílias de renda média e alta.

[53] O IPCA, índice de preços ao consumidor amplo, retrata a inflação com base nas despesas das famílias com rendimento mensal de um a 40 salários mínimos. O INPC, índice nacional de preços ao consumidor, tem como população-objetivo as famílias com rendimento mensal de um a oito salários mínimos.

ção é o mês de janeiro de 2003, ponto médio do período de realização da POF, escolhido pelo IBGE para a divulgação das novas ponderações.

Esta realocação de pesos, até que se sedimentasse, substituindo condicionamentos anteriores, deve ter provocado sustos não só em quem acompanha e faz previsões, mas também em quem tem o poder de interferir na trajetória do índice, através da política monetária. Na difusão da notícia, houve também uma sutil mistura do fenômeno em si com a sua representação numérica, como nesta manchete: "Mudança no IPCA faz inflação subir menos: 0,19%".[54]

No grupo *alimentação*, os novos pesos indicados pela POF foram sistematicamente inferiores aos atualizados mensalmente. A maior redução se verificou no grupo *carnes*, cujo peso estimado pela POF na data da comparação era de 1,89%, ante 3,05% de acordo com o procedimento metodológico de atualização das ponderações. Diminuiu também, de 1,71% para 1,30%, a participação do *pão francês*, formato bem brasileiro do símbolo milenar da alimentação. Em compensação, cresceu a importância da *alimentação fora do domicílio*, de 4,91% para 6,62%. Entram aí a refeição nas imediações do local de trabalho e também os lanches de fim de semana.

O grupo *vestuário* teve sua participação elevada em quase um ponto percentual. Enquanto a ponderação gerada pela correção seqüencial era de 5,20%, em janeiro de 2003, a extraída da POF era de 6,17%. O aumento da fração orçamentária dedicada às *roupas, calçados e acessórios*, além de se verificar para todos os componentes do vestuário, corresponde a acréscimos no volume físico de aquisições, uma vez que o preço médio deste conjunto registrou uma elevação 35% inferior à cesta completa do índice, desde o lançamento do real, em 1994.

Efeito diametralmente oposto se verificou nas despesas com *ônibus urbano*, cuja participação no orçamento familiar declinou de 4,61% para 3,32%. A perda nada desprezível ocorreu mesmo em face de um aumento de preço, nos últimos 11 anos, quase duas vezes superior à alta média do índice, o que valeu repetidamente a este transporte público a pecha de vilão da inflação. Além da mordida das *vans*, que, segundo a POF da FGV, detinham em 2003 um mercado equivalente a 5% do ocupado pelos ônibus urbanos, a concessão

---

[54] *O Globo*, 12 ago. 2006.

de passes livres a estudantes e maiores de 65 anos restringiu o público pagante e a movimentação financeira decorrente da prestação do serviço.

A POF revelou também a reorganização dos gastos com combustíveis automotivos, embora o montante global tenha permanecido virtualmente inalterado, passando de 5,64% para 5,66%. Ganhou a *gasolina*, que subiu de 4,38% para 5,02%, e perdeu o *álcool hidratado*, que baixou de 1,18% para 0,44%. De fato, depois da grave crise de abastecimento de 1990, a forte rejeição do consumidor interrompeu a fabricação de automóveis movidos a etanol. Ironicamente, a nova ponderação passa a valer no momento em que o álcool recupera sua credibilidade abalada e volta a ser consumido. De qualquer maneira, para que esta ponderação se defase é preciso esperar a recomposição da frota usuária, o que requer alguns anos. O membro mais novo da família dos combustíveis é o *gás natural veicular*, inexistente na POF passada, que entra no índice com ponderação de 0,11%.

Chama a atenção o aumento das despesas com cuidados pessoais. O gasto com *cabeleireiro* subiu de 0,55% para 0,98% e a compra de *perfume*, que representava 0,63% do orçamento, passou a 0,92%. Praticamente irrelevantes há uma década, os *serviços bancários* absorviam, em janeiro de 2003, 0,69% do dispêndio familiar. O crescimento é conseqüência do fim da inflação, que retirou parte dos ganhos auferidos pelas instituições financeiras com a diferença entre juros recebidos e juros pagos e as levou a cobrar por uma extensa relação de serviços, tais como transferências de fundos e emissões de cheques.

Crescimento sem paralelo foi o dos *gastos com educação*, notadamente no *ensino superior*. A ponderação deste segmento educacional, que na seqüência de atualizações mensais situava-se em 0,98%, em janeiro de 2003 saltou para 2,02%, de acordo com a POF. O aumento é coerente com a ampliação maciça das operações do setor privado. Segundo o Ministério da Educação, entre 1998 e 2003 o número de matrículas em instituições particulares de ensino superior quase duplicou, passando de 1.537.923 para 2.750.652.

A população das grandes cidades já não fuma tanto quanto em outras épocas. A ponderação do *cigarro* caiu de 1,20% para 0,78%. O comércio de armas de fogo, se antes do plebiscito de 2005 era clandestino, passou à ilegalidade. Drogas, jogo e produtos falsificados ou obtidos por contrabando esbarram em dois obstáculos que impedem sua incorporação aos índices. De um lado, as famílias não costumam declarar o consumo; de outro, a coleta de preços requer a identificação dos locais de compra. A despesa com *motel* permaneceu estável, representada por uma ponderação de 0,08%.

Das nove classes de despesa em que são agrupados os itens participantes do IPCA, o que mais peso ganhou, de acordo com a nova POF, foi *comunicação*. Neste grupo estão as despesas com *telefone fixo*, que sobem de 2,98% para 3,25%, e *telefone celular*, que, por ocasião da POF 1995/96, ainda engatinhavam, com 0,23%, e passaram a 1,34%, praticamente a mesma ponderação estimada pela POF da FGV.

* * *

Para determinar com precisão todos esses percentuais de gastos, a POF 2002/03 do IBGE entrevistou os moradores de 48.470[55] domicílios, urbanos e rurais, em todas as unidades da federação. Por um desses ardis da estatística, a amostra de domicílios dimensionada para o Rio de Janeiro foi de 1.285, enquanto em Alagoas o número chegou a 2.965. São Paulo e Ceará foram representados na POF pelo mesmo número de domicílios: 2.017. A aparente desproporção se explica pela maior heterogeneidade dos domicílios dos estados do Nordeste, onde é grande a população rural, que vive em condições precárias.

As POFs — do IBGE, da FGV e dos demais institutos de pesquisa[56] — precisam da colaboração das famílias selecionadas. Durante vários dias, consecutivos ou intercalados, conforme a complexidade do levantamento, técnicos dessas instituições visitam e crivam de perguntas os membros das famílias. As perguntas abordam obrigatoriamente as questões ligadas às despesas de consumo, tanto as passíveis de individualização,

---

[55] Segundo o IBGE, na ocasião em que a POF foi realizada, havia no Brasil 48.534.638 unidades de consumo, o conceito mais próximo de domicílio para a finalidade da pesquisa. Isto significa que foram entrevistados 0,1% dos domicílios brasileiros.

[56] Pelo menos outros dois institutos realizam POFs para fundamentar cálculos de índices de preços ao consumidor: Fipe e Dieese.

como vestuário, educação e planos de saúde, quanto as coletivas, a mais característica das quais é o aluguel, mas que também englobam as contas de energia elétrica, telefone fixo, empregada doméstica, móveis e outros itens.

Os entrevistados valem-se de registros passados, que mantêm em seu poder. Parte das informações, contudo, depende mesmo da memória e suas incontáveis armadilhas. Por esta razão, há um meticuloso trabalho de crítica e checagem dos dados antes da sua validação. Os questionários também reservam espaço para que as famílias indiquem os locais onde realizam suas compras. Estes dados permitem a elaboração de cadastros de pontos-de-venda e roteiros de coleta de preços para o cálculo dos índices. Na descrição dos produtos consumidos, os entrevistados mencionam marcas e modelos, o que torna possível a estimativa de fatias de mercado. Isso faz da POF um objeto de desejo das áreas de marketing de empresas comerciais e agências de publicidade.

Num segundo bloco de perguntas, levantam-se informações referentes ao domicílio, tais como tamanho, número de moradores e infra-estrutura. Em outro capítulo, o foco são os rendimentos individuais e da família, em todas as suas formas, incluindo trabalho, aposentadoria, aluguéis, juros e, no caso do IBGE, rendimento não-monetário, oriundo, entre outras fontes, de participação na produção agrícola. Esta é uma parte delicada, quase sempre sujeita a omissões. O ambiente e a forma como o entrevistador aborda o informante são essenciais para o sucesso da entrevista.

Desde que tenham cobertura amostral previamente planejada, as POFs permitem estimar a estrutura de gastos e, por extensão, ponderações de índices para as mais variadas faixas de renda. O caso da alimentação é um bom exemplo. Exercícios preliminares, com base na POF de 2002/03 da FGV, indicam que a compra de alimentos para consumo no domicílio representava 39,62% da despesa das famílias com renda mensal entre 1 e 2,5 salários mínimos. Para a classe seguinte, com renda entre 2,5 e 5 salários mínimos, a proporção era de 35,20%, caindo continuamente até alcançar 13,00%, na faixa entre 33 e 43 salários mínimos. A seqüência aparece no gráfico.

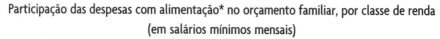

Participação das despesas com alimentação* no orçamento familiar, por classe de renda (em salários mínimos mensais)

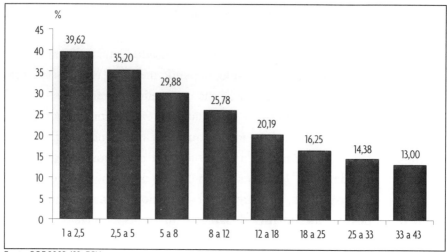

Fonte: POF 2002/03, FGV.
* Aquisição de alimentos para consumo no domicílio.
Salário mínimo de janeiro de 2003: R$ 200,00

O comportamento declinante da parcela dedicada à alimentação no orçamento doméstico não é uma simples coincidência detectada pela POF da FGV.[57] Ao contrário, esta é mais uma confirmação da primeira lei de Engel.[58] A proposição é empírica, mas a lógica que a fundamenta é a possibilidade de diversificação do consumo, tanto de itens alimentares quanto de outros bens e serviços, à medida que a renda cresce. Engel formulou mais três leis referentes a estruturas de consumo: a percentagem da despesa com vestuário não varia com a renda; a mesma propriedade vale para as despesas com habitação; e, por fim, os gastos com os denominados supérfluos crescem mais do que proporcionalmente à renda. Nenhuma delas, no entanto, é tão freqüentemente validada na prática quanto a primeira.

A POF permite, ainda, a identificação de estruturas de consumo para diversos grupos populacionais, independentemente do nível de renda. Um

---

[57] O que se reduz é a fração orçamentária, não necessariamente a quantidade física.
[58] Ernst Engel (1821-1896), estatístico alemão, precursor das análises estatísticas sobre orçamentos familiares e consumo em geral.

exemplo das possibilidades de segmentação dos resultados da pesquisa é o índice de preços ao consumidor da terceira idade, o IPC-3i, calculado pela FGV. As ponderações deste índice foram calculadas usando-se como amostra as famílias que tivessem pelo menos metade dos membros com idade a partir de 60 anos.

Algumas diferenças entre as ponderações do IPC-3i e do IPC-BR são notórias. Os gastos com saúde, que no IPC-BR pesam 10,36%, no IPC-3i crescem para 15,03%. Já as despesas com educação seguem padrão oposto, caindo de 5,76%, no IPC-BR, para 1,86%, no IPC-3i. Os grandes grupos, todavia, não divergem: alimentação corresponde a 24,75% no IPC-BR e 27,96% no IPC-3i, enquanto habitação absorve 31,84% e 33,00%, respectivamente.

O BLS vai mais longe e publica estruturas de consumo para sete faixas etárias de chefes de domicílios, começando dos que têm menos de 25 anos até os de 75 ou mais. O fato estilizado neste tipo de comparação é o gasto com saúde, que sobe de 2,5% a 15,6%, da primeira à última faixa. Outros cortes são: composição familiar com discriminação de idade de filhos; nível de escolaridade do chefe do domicílio, em que transparece a forte correlação entre esta variável e o gasto corrente com educação;[59] origem ou etnia, onde se explicitam estruturas de consumo de hispânicos e negros; ocupação; propriedade do imóvel e número de pessoas economicamente ativas no domicílio.

Na Inglaterra, o ONS apura, em suas pesquisas orçamentárias, a estrutura de gastos feitos por crianças, a partir de mesada.[60] Os dois itens mais consumidos, são: balas, doces e refrigerantes e outras compras de alimentos, na cantina da escola ou em lanchonetes. Cada categoria absorve 18% dos gastos. Em seguida, aparecem as despesas com roupas e calçados, destino de 15% do total. Estas despesas crescem com a idade e são maiores entre as meninas. Os jogos e

---

[59] Quando o chefe do domicílio não chegou a concluir o ensino médio, a despesa familiar com educação corresponde a 0,5% do gasto total; se o nível é de mestrado ou doutorado, a proporção sobe para 3,1%.

[60] Os gastos feitos por crianças são incluídos nas tabelas de despesas familiares desde 1998/99. Os dados aqui citados são provenientes de uma amostra de 4.167 crianças, com idades entre sete e 15 anos, que preencheram cadernetas de despesas em períodos contidos no intervalo de 2002 a 2004.

brinquedos, ao contrário, são especialmente desejados por meninos de 10 anos, que dedicam a este tipo de compra 35% de seus dispêndios. As meninas de 13 a 15 anos não reservam para o mesmo fim mais do que 3%.

As POFs também espelham diferenças de consumo existentes entre regiões do país. Segundo o IBGE, em Belém, a despesa com pescados representava, em janeiro de 2003, 1,23% do orçamento. Já em Belo Horizonte, a proporção não passava de 0,11%. Em compensação, a carne de porco, indispensável na culinária mineira, absorvendo 0,47% dos gastos familiares em Belo Horizonte, não ocupava mais do que 0,09% em Belém.

As diferenças regionais de hábitos de consumo estão retratadas nos índices calculados separadamente para cada cidade ou região metropolitana. Como as cestas diferem e os preços não variam de forma idêntica, as taxas de variação também podem diferir de uma cidade para outra. Desde o real, em julho de 1994, até abril de 2006, a variação acumulada do IPCA foi de 203,83%. No mesmo período, a inflação em Fortaleza foi de 177, 40% e a de Belo Horizonte 221,76%.

O percentual mais alto referente a Belo Horizonte não significa, em princípio, que viver nesta cidade exija dispêndios maiores do que em Fortaleza. Os índices de preços regionais não permitem comparar níveis absolutos de custo de vida, mas apenas as suas variações. Mas é possível calcular o valor em reais das cestas regionais e responder à seguinte pergunta: onde é menor o custo de se viver dentro de um determinado padrão socioeconômico?[61] Para isso é preciso novamente recorrer-se à POF, que fornece as quantidades e valores dos itens consumidos em cada cidade. Há pelo menos duas maneiras de se fazer a comparação: fixando-se uma única composição de cesta para todas as cidades ou incorporando a cada uma os hábitos regionais, sobretudo os alimentares. Em ambos os casos, as diferenças entre preços de itens similares consumidos em cada cidade definem as diferenças entre os custos totais.

Um exercício com dados de POFs da FGV, usando uma cesta única de consumo para famílias na faixa de 30 salários mínimos em 12 cidades, mostrou que São Paulo era a mais cara e Recife a mais barata.[62] A cesta de refe-

---

[61] Dada a complexidade de se definir o que significa padrão de vida, usa-se uma cesta de consumo como indicador.

[62] André Braz e Salomão Quadros, "Cesta executiva", Ibre/DGD, 2002.

rência para o exercício, formada por 127 itens, custava em São Paulo 80% a mais do que em Recife. Três classes de despesa explicavam mais de 90% da diferença: habitação, educação e transportes. No primeiro caso, o aluguel de um apartamento de três quartos, num bairro com boa localização na cidade, podia custar de duas a três vezes mais na capital paulista do que na pernambucana. Escolas e outros serviços, como ônibus urbanos, reparos em residência e empregada doméstica, também possuíam grandes hiatos inter-regionais de preços. Em cidades de regiões mais pobres, onde os salários são mais baixos, os preços dos itens produzidos localmente, em geral serviços, tendem a ser menores. Já os preços de alimentos, vestuário, combustíveis, telefonia, eletroeletrônicos e outros produtos industrializados mostraram relativa convergência entre as 12 cidades.

Além de informar a nova composição de gastos familiares, a POF 2002/ 03 do IBGE demonstrou que a obesidade assola mais brasileiros e brasileiras do que a desnutrição. Segundo a pesquisa, 8,9% dos homens com 20 anos ou mais de idade são obesos, proporção que sobe para 13,1% entre as mulheres. Ao mesmo tempo, 2,8% dos homens nesta faixa etária e 5,2% das mulheres apresentam déficit de peso, expressão da desnutrição. Nos homens entre 20 e 24 anos, a incidência de obesos é de 3,1%, sobe para 12,4% no intervalo de 45 a 54 anos e regride até 8,7%, de 65 em diante. Em qualquer faixa etária, a obesidade é maior na cidade do que no campo.

A POF de 2002/03 foi a quarta pesquisa sobre orçamentos familiares feita pelo IBGE. A primeira e mais completa data do período 1974/75 e chamou-se Estudo Nacional sobre a Despesa Familiar, o Endef. As outras duas foram realizadas em 1986/87 e 1995/96. Em 30 anos, do Endef à POF de 2002/03, as despesas correntes avançaram de 79,86% da despesa familiar total para 93,26%. Diferenças metodológicas à parte, isto significa a diminuição da capacidade de investimento das famílias. Nos anos 1970, 16,50% da despesa familiar destinavam-se ao aumento do ativo imobiliário, financeiro ou de outra natureza. Hoje, o enriquecimento tornou-se um objetivo a perder de vista, ao qual as famílias dedicam, em média, 4,76% do orçamento.

Por outro lado, nestas três décadas, o consumo se diversificou. Pelo Endef, o gasto com alimentação representava 33,91% da despesa total. Pela POF, 30 anos depois, 20,75%. A diferença foi redistribuída para habitação, transporte, saúde e educação. Os dois primeiros cresceram por meio da difusão do acesso a bens duráveis e da ampliação das redes de serviços públicos, como energia elétrica e telefonia. Nos outros dois, o setor privado substituiu ou complementou o governo como provedor de serviços.

Houve mudanças também na quantidade consumida de alimentos. Na época do Endef, o consumo *per capita* de arroz era de 31,6 kg por ano, reduzindo-se para 17,1 kg segundo a POF 2002/03. No caso do feijão, a queda foi de 14,7 para 9,2 kg. De 20 produtos selecionados, 13 registraram decréscimo nas quantidades consumidas. Ao mesmo tempo, o consumo de iogurte por pessoa cresceu de 0,4 para 2,9 kg anuais, e o de alimentos preparados de 1,7 para 5,4 kg.

Uma forma de utilização indireta das POFs, nem por isso menos geradora de controvérsias, é o cálculo das linhas de pobreza, nível de renda abaixo do qual as famílias são consideradas pobres. Uma linha de pobreza muito usada é a de US$ 1 por dia de renda. Apesar da praticidade, a escolha é arbitrária e o uso da POF é uma tentativa de dar mais embasamento científico à definição do referencial de valor.

O primeiro passo para a determinação da linha de pobreza à luz da POF é estabelecer os requisitos nutricionais das famílias.[63] Há diversos estudos da FAO sobre o assunto e as necessidades devem levar em conta o tipo de atividade desempenhada pelos membros da família, bem como sua faixa etária. Em seguida, seleciona-se, entre os questionários da POF, a composição alimentar de menor custo compatível com os requisitos nutricionais estabelecidos.

A partir dos questionários das famílias que atingem as exigências nutricionais ao custo mínimo, estimam-se as demais despesas. Tem-se, assim, a estimativa da menor despesa familiar capaz de atender simultaneamente às necessidades alimentares, estabelecidas cientificamente, e às não-alimentares, definidas pela observação dos questionários selecionados. A linha de pobreza será o valor da renda capaz de suportar esta despesa. Desta metodologia relativamente simples, acoplada aos dados da POF e de outras pesquisas sobre rendimentos, saem afirmações de longo alcance, como a de que o Brasil tem 50 milhões de pessoas pobres.[64]

***

---

[63] ROCHA, Sonia. *Pobreza no Brasil*. Rio de Janeiro: FGV, 2003.

[64] NERI, Marcelo. *Mapa do fim da fome*, FGV, 2001. O trabalho calculou uma linha de pobreza de R$ 80 mensais e qualificou os indivíduos com renda abaixo deste valor de miseráveis ou indigentes.

Foi o sentimento que os ingleses chamam de *compassion*[65] em relação à população trabalhadora mais pobre e suas sofridas condições de vida a inspiração para as primeiras compilações de orçamentos familiares, no final do século XVIII. A primeira em ordem cronológica foi feita por David Davies, um religioso inglês que colecionou 127 orçamentos de famílias pobres e os descreveu em livro,[66] em 1795, com o objetivo de sensibilizar a classe dirigente com vistas à criação de um salário mínimo.[67]

A segunda obra desta natureza, publicada em 1797, teve como autor Sir Frederick Morton Eden,[68] que reuniu orçamentos de 60 famílias de agricultores e 26 de outros trabalhadores. Embora tenha ele próprio coletado informações, Eden também contou com o apoio de religiosos, que recolhiam dados orçamentários em suas paróquias. Os métodos de coleta de dados dos dois estudos ilustram como, em seus primórdios, a investigação estatística valeu-se da rede de estabelecimentos religiosos, suficientemente capilarizada e dona de grande influência local. Na Inglaterra, na virada do século XIX, havia 15 mil paróquias para uma população que não chegava a 14 milhões de habitantes.

Nos dois levantamentos, a despesa com alimentação é, de longe, a que ocupa a maior fração do orçamento: 72,2% no primeiro e 74,5% no segundo. Nos dois casos, o vestuário vem em seguida, com 9%. Participam, ainda, aluguel e energia (calor e luz), com proporções que variam entre 5% e 10%, a depender do nível de renda. Estes percentuais não foram calculados diretamente pelos autores, que seguiram os costumes da época e preferiram a descrição maciça e exaustiva dos registros, sem muitas conclusões numéricas. É possível encontrarem-se referências aos dois trabalhos com percentuais ligeiramente diferentes.

Embora muito mais limitado em escopo e representatividade estatística, há um ancestral dos dois trabalhos mencionados. Não chegou a ser um estudo,

---

[65] Compaixão, a versão literal, talvez não reproduza a noção de solidariedade mobilizadora.

[66] *The case of labourers in husbandry*, que pode ser traduzido como *O caso dos trabalhadores rurais*.

[67] Esta seção se baseia na artigo "The early history of empirical studies of consumer behavior", de George Stigler (*Journal of Political Economy*, v. LXII, n. 2, 1954).

[68] *The state of the poor* (*A situação dos pobres*) procura avaliar os impactos das chamadas Leis dos Pobres (Poor Laws).

mas sim o registro semanal das despesas de um domicílio formado por dois padres e um empregado, em Dorset, Inglaterra, entre 1453 e 1460. Talvez pela frugalidade dos religiosos, a alimentação absorvia em torno de 80% dos gastos, havendo pouco interesse em uma diversificação das despesas.

Meio século depois da publicação dos trabalhos de Davies e Eden, uma nova fornada de estudos orçamentários ganhou notoriedade. Nesse meio tempo, enquanto os avanços da matemática e da estatística permitiam análises mais precisas, agravavam-se as tensões sociais na Europa, reavivando o interesse por iniciativas que aclarassem as causas da insatisfação das classes trabalhadoras. Em 1855, Édouard Ducpetiaux lançou um estudo contendo informações de cerca de 200 orçamentos de famílias de trabalhadores belgas.[69] Foi sobre este material que Engel se debruçou para produzir a obra mais conhecida a respeito de orçamentos familiares[70] e as leis que levam seu nome.

Em 1875, o americano Carroll Wright, fundador do Bureau of Labor Statistics (BLS), obteve 397 orçamentos de famílias trabalhadoras em Massachusetts, que prestaram informações com fins estatísticos, uma novidade para a época. A maior uniformidade na montagem dos orçamentos aumentou a precisão dos resultados. Wright segmentou a amostra em cinco classes de renda e validou de maneira indiscutível a primeira lei de Engel. A despesa com alimentação baixava de 64%, na classe de renda mais baixa, até 51%, no grupo mais abastado. Verificou também a quarta lei, sobre o gasto crescente com itens variados e por vezes considerados supérfluos. Em relação às outras duas leis, que tratam de moradia e vestuário, os resultados foram ambíguos. O trabalho se deteve na questão da poupança, que, segundo o autor, cresce com a renda, em termos absolutos e relativos. Wright também concluiu pela necessidade de um salário mínimo.

No século XX, multiplicaram-se os estudos sobre orçamentos familiares, com o emprego de técnicas mais rigorosas de apuração e tratamento de dados. Alguns deles deram origem a índices de preços, iniciando a fase moderna das pesquisas orçamentárias. Na Inglaterra, o precursor dos índices de custo de vida, já aposentado, teve origem durante a I Guerra Mundial e baseou-se no levantamento feito pelo Board of Trade,[71] em 1904, com 1.944 orçamentos de famílias de trabalhadores urbanos.

---

[69] *Budgets économiques des classes ouvrières en Belgique* (1855).

[70] *Die Lebenkosten Belgischer Arbeiter-Familien Fruher und Jetzt* (1895).

[71] Conselho de Comércio.

Nos Estados Unidos, o primeiro índice de preços ao consumidor se apoiou em pesquisa de 1909, feita com operários das fiações e tecelagens de algodão, outra vez em Massachusetts. O estudo foi decorrência de uma investigação parlamentar sobre as condições de trabalho de mulheres e crianças. Em sua conclusão, o BLS fez questão de ressaltar que os resultados espelhavam os padrões de vida efetivamente desfrutados pelas famílias pesquisadas, e não o que se poderia postular como justo ou recomendável. As pesquisas de orçamentos familiares também foram usadas na construção da teoria macroeconômica, nos anos de 1920 e 1930, como evidência sobre as relações entre consumo e renda.

No Brasil, somente nos anos 1930 surgiram as primeiras pesquisas e estudos sobre padrão e condições de vida da população de baixa renda. Em compensação, pipocaram em ritmo febril, quase 10 em menos de uma década. A motivação intelectual era sociológica, mas havia também o impulso político, representado por um dispositivo constitucional, da Carta de 1934, que estabelecia a existência do salário mínimo. Para nortear a determinação dos pisos regionais, previstos à época, foi criada no Congresso Nacional a primeira comissão do salário mínimo.[72]

Em 1934, sob a coordenação do geógrafo e sociólogo Josué de Castro, foi realizada uma pesquisa com famílias de operários de baixa renda de Recife. Segundo o estudo, a alimentação drenava de 69% a 74% dos gastos totais, proporção significativamente superior aos 50% identificados em levantamentos contemporâneos, feitos nos Estados Unidos e Argentina com trabalhadores na faixa de um salário mínimo. Apesar de imprecisa, a comparação alertava para a precariedade das condições em que viviam os grupos menos favorecidos da população brasileira.

No mesmo ano, o professor Horace Davies, da Escola Livre de Sociologia e Política, coligiu informações orçamentárias de 221 famílias operárias residentes na cidade de São Paulo. A amostra continha muitos estrangeiros, para representar de maneira correta a composição da classe trabalhadora paulistana. A renda desse grupo era duas vezes e meia superior à do estudo de Recife. A despesa com aluguel, água e luz, da ordem de 22%,

---

[72] Esta seção se baseia em: ALBERTI, Verena. O século do moderno: modos de vida e consumo na República. In: GOMES, Angela de Castro; PANDOLFI, Dulce; ALBERTI, Verena (Orgs.). *A República no Brasil*. Rio de Janeiro: FGV, 2002.

também duas vezes maior que na capital pernambucana, indicava não só melhores condições de habitação como maior diversificação de consumo.

Entre novembro de 1936 e maio de 1937, Samuel Lowrie, igualmente professor da Escola Livre de Sociologia e Política, reuniu orçamentos de 400 famílias de funcionários da limpeza pública da cidade de São Paulo, com níveis variados de rendimentos. Segundo este levantamento, as despesas com alimentação representavam 53% dos gastos familiares e outros 18% destinavam-se à habitação. Educação e recreação em conjunto absorviam 0,5%. Da "pesquisa Lowrie" derivou a primeira estrutura de ponderações do índice de custo de vida da cidade de São Paulo, calculado pela Prefeitura Municipal.[73]

Em 1938 e 1939, o serviço de estatística do Ministério do Trabalho reuniu orçamentos familiares em diferentes localidades, para apoiar a regionalização de valores do salário mínimo. No interior ganhava-se menos e gastava-se proporcionalmente mais com alimentação do que nas capitais. Nestas, eram mais elevadas as frações da despesa destinadas à habitação. Na cidade do Rio de Janeiro, uma família de recursos módicos possuía a seguinte composição de gastos: 39% alimentação, 27% aluguel, 10% vestuário, 9% móveis, utensílios, cama e mesa etc., 8% criados e 5% combustível e luz. O levantamento não registra gastos com bens de consumo. Em 1937, havia no país um automóvel para cada 450 habitantes.[74] Rádios e geladeiras eram importados e accessíveis apenas a uma parcela irrisória da população.

Uma última pesquisa antes da criação do salário mínimo foi feita, entre 1940 e 1941, outra vez pela Escola Livre de Sociologia e Política. A amostra era formada por empregados de uma mesma empresa privada, cujas condições de vida eram tidas como boas. A alimentação representava 53% das despesas e uma das recomendações da pesquisa foi a criação de um refeitório no local de trabalho.

Com mais de 200 anos de existência, desde a fase em que a curiosidade andou na frente dos métodos, as POFs tornaram-se obrigatórias na agenda estatística de qualquer país. Apesar de imperfeições na forma de registrar alguns dispêndios, são fundamentais para a medição da inflação e para a avaliação de políticas sociais.

---

[73] Transferido em 1968 para a Fipe.

[74] Em 2005, a proporção era de um para 10.

É só um numerozinho*

M as custa. Toda vez que a FGV anuncia a taxa de variação do índice geral de preços (IGP), completa-se um ciclo de atividades que envolve, direta ou indiretamente, quase 300 pessoas. O ciclo se conclui com a divulgação do resultado, em forma eletrônica e por meio de coletiva à imprensa. Fazendo a engenharia reversa, as fases anteriores são o cálculo do índice propriamente dito, a crítica das informações recebidas e a coleta de preços.

É na fase inicial desse processo ininterrupto que se inserem as pouco mais de 100 donas-de-casa, que emprestam à FGV a tarimba adquirida na administração doméstica. Nos anos 1960 perguntando ao verdureiro, hoje com *palmtops* nos supermercados, elas levantam preços de alimentos e produtos de higiene e limpeza. Para outros produtos e serviços, a FGV dispõe de coletores e analistas especializados. Afinal, é preciso conhecer não só as peculiaridades de itens tão diversos quanto anti-histamínicos, tubos de aço sem costura e aulas de dança, como também suas estruturas de mercado e, sempre que fizer sentido, os principais *players*.

Toda essa massa de dados coletados é objeto de um cuidadoso escrutínio antes da validação. A regra de bolso é descartar os *outliers*, valores excessivamente discrepantes do padrão mais freqüente. Para o índice de preços ao consumidor (IPC), a FGV coleta mensalmente 200 mil cotações, metade delas de alimentos.

Em paralelo a essas rotinas diárias, diretamente ligadas à produção dos índices, desenrola-se outro conjunto de ações, menos perceptível aos usuários e ao público em geral. São as orientações metodológicas, que definem essas rotinas e os critérios para avaliá-las. Pode-se dividir o escopo deste trabalho, de forma esquemática, em três blocos diferentes. O primeiro

---

* Originalmente publicado em abr. 2005.

lida com questões inerentes à concepção teórica dos índices e sua transposição para a prática. O segundo focaliza o desenho estatístico da pesquisa e do cálculo e o terceiro ocupa-se dos muitos processos que se articulam para a efetiva produção dos índices.

Sintaxe do preço

Ilustrando o primeiro bloco, o cálculo de um índice requer a comparação dos preços de um mesmo item, em datas diferentes. Para que a comparação seja a mais precisa possível, os preços pesquisados devem ser especificados por meio de um conjunto mínimo de parâmetros, mantidos constantes entre as duas datas de observação. Caso contrário, poderão ser detectadas diferenças de preços espúrias, decorrentes de falhas de comparação.

O primeiro elemento essencial à caracterização do preço é a descrição do item transacionado, com o rigor e a extensão necessários à natureza repetitiva da pesquisa. Para alguns itens, descrições sucintas bastam: "bermuda masculina de tecido *jeans*, modelo tradicional, NR".[75] Em outras situações, o detalhamento técnico é imprescindível:

> Elevador de passageiros, duas paradas, capacidade para seis pessoas, percurso 11,30 m, 30 m/min, motor trifásico de 220 V — 60 Hz, sistema hidráulico com transmissão de força motriz através de óleo sob pressão por um grupo impulsor, comando dotado de dispositivo de operação em sistema de emergência, acabamento com painéis, portas e cantos arredondados em aço inoxidável acetinado, corrimão em tubo pintado, teto em chapa de aço pintado, iluminação com lâmpadas fluorescentes compactas, piso em vinil-amianto com porta cabine tipo corrediça horizontal, duas folhas.

Unidades de medida, marcas e tipos de embalagem são complementos descritivos que não podem ser esquecidos. Quando o pão francês passou a ser vendido a peso e não mais por unidade, foi preciso, durante algum

---

[75] NR — número de referência — é um parâmetro que permite a identificação do produto no ponto-de-venda.

tempo, coletar preços nas duas formas, para assegurar a comparabilidade. Um conhecido refrigerante é vendido em mais de duas dezenas de embalagens diferentes. Em latas metálicas de 350 ml, o preço por unidade de volume da bebida é de 120% a 150% maior do que em garrafas de PET de 2,0 l. Um "genérico" desta marca de refrigerante, a popular tubaína, na mesma embalagem plástica, vale 30% menos.

Concluída a especificação do item, passa-se à análise da transação da qual resulta o preço pesquisado. É preciso garantir que nas duas datas de pesquisa o preço se refira a um mesmo prazo de pagamento: à vista, por exemplo. Outro ponto fundamental é o estágio da comercialização em que o produto se encontra, se no produtor, no usuário final, ou em qualquer etapa intermediária. A cada etapa, incorporam-se margens próprias de comercialização. Uma certa sandália de borracha, quando vendida às centenas para uso dos operários de uma construtora, é comercializada por um preço até 50 vezes menor do que se o ponto-de-venda é uma loja de departamentos em Nova York.

É possível que o preço embuta o custo de transporte, se a venda incluir a entrega. Isso é comum na indústria de cimento. Há que se explicitar também a incidência de tributos, para que se possa identificar em alterações de alíquotas a origem de eventuais mudanças de preços.

Especialmente delicado é o problema da negociação entre vendedor e comprador. No varejo praticamente não há espaço para tal tipo de barganha, que é a prática na indústria. As empresas divulgam tabelas de preços, mas, em função das condições de mercado ou do porte do comprador, oferecem descontos, que variam de transação para transação. Nesses casos, procura-se definir uma transação típica, em termos de volume, que sirva de base para a informação repetidamente pesquisada, permitindo a mensuração de modificações nos percentuais de descontos aplicados sobre as tabelas.

O "making of"

Da coleta do preço ao cálculo do índice há ainda duas etapas. Inicialmente, agrupam-se preços que, por se referirem a diferentes variedades de um mesmo objeto, representem um item elementar na estrutura do índice. Nessa primeira etapa, calcula-se a média geométrica das variações individuais de preços. Este procedimento é simples e intuitivo quando se trata de produtos agrícolas, como café ou banana, ou *commodities* industriais, a exemplo de celulose e minério de ferro.

Solução semelhante se aplica a bens manufaturados, que podem, sob uma mesma denominação, abrigar itens muito mais diversificados. Um bom exemplo é o automóvel de passageiros, integrante dos índices de preços por atacado e ao consumidor. A variação de preço deste item é obtida pela agregação das variações de preços de todos os tipos, marcas e modelos de automóveis pesquisados, respeitadas as formas de pagamento, incidências tributárias, fretes e outros elementos identificadores da transação.

Igualmente diversificada é a composição de índices referentes a serviços. O item salão de beleza, um dos 456 que formam o IPC-BR, é por si só uma cesta. Corte, lavagem, escova, manicure — quase uma dezena de serviços — têm seus preços coletados e combinados para se medir a evolução dos custos de manutenção da beleza. Oficina mecânica, telefone, serviços religiosos, excursões e viagens são exemplos de itens construídos segundo o mesmo procedimento.

Na segunda etapa, agregam-se todos os itens para se chegar, em estágios, ao resultado geral. Irving Fisher, em seu clássico *The making of index numbers*, relacionou mais de uma centena de fórmulas agregadoras e alguns critérios de avaliação sobre a qualidade de cada uma. A que se consagrou, embora não respeite todos os critérios, foi a de Laspeyres.[76] Fórmulas mais eficientes na tarefa de agregação, apelidadas por Fisher de "superlativas", entre as quais o índice ideal que leva seu nome, são muito exigentes em matéria de dados, o que restringe sua aplicação.

Toda fórmula requer um sistema de pesos ou ponderações, que dão a medida da importância relativa de cada item participante do cálculo. As ponderações usadas no índice de preços por atacado (IPA) são extraídas dos censos econômicos e pesquisas setoriais feitas pelo IBGE. Para o IPC, a referência é a pesquisa de orçamentos familiares (POF), feita pela própria FGV.

O segundo dos três blocos de especificações metodológicas trata da fundamentação estatística do cálculo. Quantos preços precisam ser coletados em cada mercado para que os resultados reflitam de forma confiável o que

---

[76] Ver "Hábitos de consumo, orçamentos familiares e índices de preços".

se passa no mundo real? Quanto maior a heterogeneidade dos preços e de suas flutuações, maior a amostra a ser coletada. A fim de compor suas amostras, a FGV e a maioria dos institutos de pesquisa mantêm cadastros de fornecedores de dados e de locais de compras. Para os preços dos 410 produtos industriais que integram o IPA, a FGV conta com aproximadamente 1.500 informantes, em sua maioria médios e grandes fabricantes, embora em segmentos como combustíveis, alimentos e materiais de construção seja comum obter cotações de atacadistas. Estes informantes transmitem à FGV cerca de 7.500 cotações por mês.

O volume de dados neste nível máximo de capilaridade não é muito inferior ao manuseado pelo Statistics Canada na produção do seu índice de preços industriais. O instituto canadense processa mensalmente em torno de 9 mil informações individuais, que refletem as transações numa economia 20% a 30% maior do que a brasileira.

O terceiro bloco de diretivas é o que desenha processos. Isto envolve questões tão diversas quanto o itinerário das donas-de-casa em suas rondas estatísticas ou a organização do banco de dados onde são armazenadas seqüências de preços de produtos e serviços, obtidas pelos coletores nas feiras livres, nos consultórios, nas fábricas, com a discriminação de suas variedades, especificações técnicas, marcas, embalagens, unidades de medida, incidências tributárias etc.

Para transformar as cotações coletadas, neste nível de individualidade, em um único número, o IGP, a síntese de todas as oscilações, um sistema computacional relativamente robusto extrai do banco de dados dois gigantescos vetores de preços, o primeiro referente à data atual e o segundo à data anterior, que serve de base de comparação. Ato contínuo, dentro de uma seqüência preestabelecida, realiza quase um milhão de operações aritméticas, divididas em dois grupos: o primeiro calcula os chamados relativos de preços, a proporção entre valores de hoje e do período anterior; o segundo agrega os relativos de acordo com a estrutura hierárquica dos índices, até a obtenção do resultado final.

Quanto custa?

Quando tudo parece azeitado, percebe-se que ainda há muito a fazer para se alcançar medições mais precisas. Eis algumas questões para as quais há mais de uma alternativa metodológica: como lidar com o sobe-e-desce vertiginoso das hortaliças e legumes? Qual o processo mais adequado para se ajustar sazonalmente os índices? Como tratar as mudanças de padrão e qualidade, comuns tanto nos produtos industriais quanto nos serviços, que justificam variações de preços, mas nada têm de inflação?

E quanto custa esta produção interminável de algarismos adimensionais? Nos Estados Unidos, o BLS tem um orçamento anual de US$ 500 milhões para cuidar de aproximadamente 10 programas estatísticos, principalmente nas áreas de preços e mercado de trabalho. Um programa de índice de preços, como o CPI, custa de US$ 50 a 60 milhões ao ano. O Insee francês abarca todas as atividades estatísticas do país, especialmente os censos econômicos, e conta com uma dotação anual da ordem de €350 milhões. No Brasil, o orçamento do IBGE, que pela agenda de pesquisa está mais para Insee do que para BLS, foi da ordem de R$ 800 milhões, em 2006. A FGV, que não é agência oficial e investe recursos próprios na produção de estatísticas, chega a gastar com seus índices de preços de R$ 8 milhões a R$ 10 milhões por ano. É só um numerozinho?

O relatório Boskin completa 10 anos[*]

O mais influente estudo sobre imprecisões no cálculo do índice de preços ao consumidor dos Estados Unidos (CPI)[77] não foi gerado pela academia, onde se contam às dezenas os *experts* na matéria, nem pelo aparelho estatístico oficial, que conhece como ninguém as entranhas do indicador. O relatório da Comissão Boskin,[78] divulgado em dezembro de 1996, foi produto de uma determinação do Senado americano, que enxergou numa possível reformulação metodológica do índice a oportunidade de conter o avantajado déficit fiscal.

Por meio de mecanismos de indexação, o suposto viés de alta embutido nos procedimentos de cálculo do CPI estaria inflando despesas e travando a expansão de receitas públicas. A comissão estimou que a taxa de variação anual do CPI, à época na faixa de 3%, continha 1,1 ponto percentual de crescimento espúrio. Ao cabo de 10 anos, o déficit projetado receberia um incremento da ordem de US$ 148 bilhões, se este viés persistisse. Removê-lo seria, então, a forma politicamente mais sábia de ajustar o desequilíbrio orçamentário, por não exigir a explicitação de cortes em programas governamentais. O trabalho da comissão sobre vieses estatísticos teve um viés político de nascença.

Este pecado original não diminui a importância do trabalho da comissão nos terrenos conceitual e metodológico. Seu relatório tornou-se

---

[*] Uma versão resumida deste capítulo foi originalmente publicada em nov. 2006.

[77] *Toward a more accurate measure of the cost of living*, relatório final da comissão de trabalho instituída pelo Senado americano, publicado em 4 de dezembro de 1996. Em 1961, uma comissão liderada por George Stigler avaliou o estado das estatísticas americanas de preços em geral, e não apenas ao consumidor.

[78] Michael Boskin, professor da Universidade de Stanford e ex-chefe do Conselho de Assessores Econômicos da Casa Branca. Demais participantes: Ellen Dulberger (IBM), Robert Gordon (Northwestern University), Dale Jorgenson (Harvard) e Zvi Griliches (Harvard), este último já falecido.

referência obrigatória em agências estatísticas de todas as partes do mundo. O Bureau of Labor Statistics (BLS), responsável pela produção do índice, implementou mudanças substanciais no cálculo do indicador, em linha com as recomendações da comissão. Nos países da Europa, agências estatísticas e bancos centrais, inicialmente refratários às críticas do relatório, reconhecendo a universalidade do tema, terminaram por engajar-se na tarefa de apontar incorreções em seus respectivos índices de preços ao consumidor.

O mundo acadêmico também se sentiu provocado. Pelo menos dois periódicos de grande prestígio — *American Economic Review* e *Journal of Economic Perspectives* — organizaram simpósios em resposta ao relatório. Na década que se seguiu à publicação, estudos nas áreas de serviços médicos, produtos farmacêuticos e eletrônicos, especialmente celulares, onde a inovação é rotina, trouxeram contribuições valiosas ao cálculo das variações médias de preços.

Passados 10 anos, o trabalho da comissão continua a dar as coordenadas do debate técnico sobre como se deve medir a inflação. Em 2005, por exemplo, a OCDE organizou um seminário[79] no qual, entre outros assuntos, foram avaliados os progressos no cálculo de índices de preços ao consumidor depois do trabalho da comissão. A reunião anual da American Economic Association, em janeiro de 2006, dedicou um painel a um balanço do papel desempenhado pelo relatório.

Para o Brasil, que há 10 anos era um neófito na classe dos países de baixa inflação, os temas abordados pela comissão agora começam a fazer sentido. Com preços ao consumidor subindo ao redor de 3% ao ano, segundo a medida oficial, imprecisões nos índices brasileiros, análogas às detectadas no CPI, se removidas, poderiam significar um considerável abrandamento da política monetária.

Este ganho potencial de eficiência foi ressaltado em 1995 por Alan Greenspan, em depoimento ao Comitê de Finanças do Senado, o mesmo que instituiu a Comissão Boskin. O então chefe do Fed estimou em um ponto percentual a diferença entre o CPI e a presumidamente verdadeira inflação americana. As declarações de Greenspan multiplicaram o interesse

---

[79] "Inflation Measures: Too High — Too Low — Internationally Comparable?", Paris, 21-22 June 2005.

da opinião pública e dos políticos em relação às distorções do CPI, o que acabou desaguando na criação da comissão.

A análise das imprecisões do CPI parte da premissa de que precificar uma cesta fixa de bens e serviços é uma forma prática de medir a evolução do custo de vida[80] que, no entanto, sofre de uma vulnerabilidade intrínseca. Com o passar do tempo, por ser fixa, a cesta referencial vai se distanciado do real perfil de consumo da população, que muda em resposta ao movimento de preços e às novas alternativas de consumo. A comissão identificou os fatores que levam o CPI a superestimar o que poderia ser o verdadeiro índice de custo de vida. Em seguida, quantificou cada uma das fontes de distorção, que, somadas, correspondem à famosa estimativa de 1,1 ponto percentual para o viés de alta do índice oficial.

A primeira fonte de distorção é o tradicional viés de substituição entre produtos. Se um item integrante da cesta usada para o cálculo do índice encarece, é natural que se procure um substituto, parcial ou total. A rigidez imposta pela fórmula de Laspeyres, que não permite o remanejamento de produtos, torna a manutenção do nível de bem-estar do consumidor, nesta nova configuração de preços, mais custosa do que seria o caso se o cálculo considerasse possíveis reordenações de despesa decorrentes de alternativas de consumo.

Para esta forma de viés, referida como "de nível superior", por se manifestar no estágio final do cálculo, há uma oferta abundante de estimativas empíricas, pouco conflitantes. Embora a comissão não tenha feito sua própria estimativa, examinando os estudos disponíveis à época, adotou, por conservadorismo declarado, o valor de 0,15 ponto percentual como aquele que melhor representava o efeito da inflexibilidade da fórmula de Laspeyres.[81]

A substituição no consumo não se dá apenas entre diferentes produtos. Ocorre também entre variedades de um mesmo produto. Para calcular o índice relativo ao item camisa masculina, por exemplo, o IPC da FGV computa variações de preços de camisas de algodão, poliéster, linho etc. A fórmula de Laspeyres, quando usada neste nível de especificação, como fa-

---

[80] O menor custo de se obter um determinado grau de bem-estar.

[81] Estimado pela diferença entre o índice de Laspeyres e o de Tornqvist, que é menos suscetível ao tipo de viés em questão.

zia à época o BLS, é responsável por uma distorção adicional no cálculo. Pelo fato de computar médias aritméticas, a fórmula desrespeita o critério de reversibilidade temporal. Por este critério, se um preço volta ao valor inicial, depois de uma elevação temporária, a variação acumulada deve ser zero. Não é o que diz a fórmula de Laspeyres.

A média geométrica não produz tal distorção. Este fato é amplamente conhecido e o próprio BLS dispunha de estimativas acerca do viés provocado pela utilização de médias aritméticas, que a comissão referendou.[82] Para esta forma de viés, tratada como "de nível inferior", por ocorrer nos estágios elementares de cálculo, a estimativa foi de 0,25 ponto percentual. Dos países mencionados no relatório, somente o Canadá havia feito a conversão de fórmula, adotando a média geométrica. O IPC da FGV passou a usar médias geométricas em 1996.

Da mesma forma que mantém fixos os produtos da cesta referencial, a metodologia de cálculo conserva os locais de compra. Durante os anos 1990, o comércio varejista americano se superou em matéria de inovação e eficiência. Uma das modificações mais visíveis foi o avanço das lojas de descontos, que atraíram parcelas crescentes de consumidores. Este que poderia ser apelidado de "efeito Wal-Mart" não é captado pelos índices de preços ao consumidor. A intensa migração rumo aos novos varejistas deve ter trazido benefícios ao consumidor que o índice desconsidera.

Mais uma vez, um estudo desenvolvido pelo corpo técnico do BLS forneceu o substrato para a estimativa da comissão acerca do viés de local de compra. O estudo focalizou a distribuição de alimentos e combustíveis e concluiu que a taxa de variação deste conjunto de produtos superestimava o verdadeiro aumento médio de preços em 0,25 ponto percentual ao ano. A extensão da estimativa para o restante do índice, feita por economistas do Fed, baseou-se na generalização deste comportamento e na constatação de que esta forma de viés atingia 40% do CPI. Combinando as premissas, a comissão calculou o viés em 0,1 ponto percentual.

O viés de local de compra é mais nítido na economia americana, em face do dinamismo do seu setor de varejo, do que em outras partes do mun-

---

[82] MOULTON, Brent R.; SMEDLEY, Karin E. *A comparison of estimators for elementary aggregates of the CPI*. Bureau of Labor Statistics, June 1995.

do. Mesmo assim, há sinais de que ele se manifesta com força em nichos específicos. Um curioso estudo sobre o consumo de chocolate na França mostrou o deslocamento do consumidor de pequenas lojas especializadas para grandes redes de supermercados.

O quarto e sem dúvida mais complexo elemento causador de distorções no cômputo dos índices de preços ao consumidor e do CPI em particular são as contínuas mudanças de qualidade na maioria dos bens e serviços consumidos pelas famílias. O melhor exemplo deste fenômeno é a desproporção entre variações de preços de computadores e aumentos de suas respectivas capacidades de processamento. Mas a evolução dos automóveis, mais rápidos, confortáveis, seguros, resistentes à corrosão, eficientes no uso de combustíveis etc., não fica muito atrás.

O desafio no plano técnico é decompor os aumentos de preços em duas parcelas: uma derivada de ganhos de qualidade e outra decorrente do processo inflacionário ou de perturbações na oferta ou na demanda de cada item de consumo. Quando este tratamento não é feito satisfatoriamente, verifica-se o viés de mudança de qualidade.

Uma variante do problema é a introdução de novos produtos. Câmeras digitais e celulares são os exemplos mais notórios, mas não é difícil encontrar novidades de impacto em indústrias tradicionais, como alimentos e bebidas. O viés de novos produtos é conseqüência da demora dos institutos de pesquisa em incluí-los em suas cestas referenciais. Quando finalmente passam a fazer parte do levantamento, às vezes 10 anos depois de lançados, como foi o caso dos celulares no CPI, o preço já se reduziu perto de 80%, graças a ganhos de produtividade e aumentos de escala de vendas, sem que esta queda tenha sido contabilizada.

Embora mudanças de qualidade e introdução de novos produtos sejam problemas distintos, a comissão preferiu fazer uma estimativa conjunta de viés: 0,6 ponto percentual por ano. Para chegar a este valor, a comissão teceu uma verdadeira colcha de retalhos. Como a velocidade das mudanças de qualidade varia de produto para produto e não é constante ao longo do tempo, não há outro caminho senão a compilação de sucessivos estudos de situações particulares, temperada com alguma subjetividade.

Foram examinados separadamente 27 componentes do CPI. Para oito, não havia registro de estudos capazes de determinar o viés. Na ausência deles, a comissão postulou o valor zero. Nas outras 19 categorias, as estimativas contaram com alguma sustentação empírica. Os vieses mais acentuados foram detectados no grupo de produtos eletrônicos: 5,6 pontos percentuais ao ano, para o conjunto. Ao final, as estimativas parciais foram agregadas em função da importância relativa na estrutura do índice. A tabela sintetiza as estimativas dos vieses do CPI, por natureza.

Estimativas de vieses no CPI
(pontos percentuais por ano)

Fontes	Estimativa
Substituição – nível superior	0,15
Substituição – nível inferior	0,25
Mudanças de qualidade/produtos novos	0,60
Novos locais de compra	0,10
Total	1,10
Intervalo	0,80-1,60

Fonte: Comissão Boskin.

Comentar as estimativas de vieses para cada uma das 19 categorias relacionadas ocuparia um espaço desproporcional. Mas há um grupo de despesas que, pela magnitude, merece ser destacado: habitação, cujo peso no CPI é da ordem de 43%. O grupo se subdivide em três. O primeiro subgrupo, que pesa 33% no índice geral, tem uma denominação familiar aos admiradores dos Rolling Stones: *shelter*, palavra com que os institutos de língua inglesa se referem à moradia, própria ou alugada. O segundo é formado por serviços de utilidade pública e o terceiro por equipamentos, utensílios e serviços de residência. Os pesos desses dois subgrupos se equiparam.

O relatório deteve-se na mensuração do primeiro subgrupo, que engloba os imóveis próprios e os alugados. Os serviços prestados pelo imóvel próprio, como não são objeto de desembolso, têm o seu valor imputado, isto é, medido de forma indireta e, em seguida, inserido na estrutura de gastos como se desembolsado fosse. O valor atribuído aos serviços prestados pelos imóveis ocupados por seus proprietários corresponde, em média, a 23% dos gastos correntes totais das famílias americanas. Este é o peso do item no CPI. Os imóveis alugados equivalem a 6% do índice.[83]

Para estimar o valor imputado à moradia própria, o BLS usa os preços de mercado dos aluguéis. Este é o método mais utilizado, porque resulta de medição direta. Além dos Estados Unidos, pelos menos 15 países, entre os quais Alemanha, Holanda, Japão, Coréia do Sul e México, o incorporam aos seus respectivos índices de preços ao consumidor. Imperfeições ou interferências governamentais no mercado de aluguéis podem distorcer as estimativas. Dois outros enfoques metodológicos evitam esta falha: o custo de uso e o dispêndio.

No primeiro caso, decompõem-se e contabilizam-se os custos envolvidos na provisão dos serviços de moradia, mesmo que não sejam desembolsados. Os principais itens são: manutenção, depreciação e balanço de perdas e ganhos por se possuir um imóvel residencial. Entre os gastos decorrentes desta condição listam-se os juros de empréstimos imobiliários e a renda de propriedade não auferida. Compensando estes custos devem ser creditados eventuais ganhos de capital pela valorização do imóvel. Apesar da maior pureza conceitual, o método é de complexa aplicação. Inglaterra, Suécia, Finlândia e Canadá o utilizam, após consideráveis simplificações.

O segundo procedimento é de emprego ainda mais restrito. O enfoque da despesa mede o valor dos serviços do imóvel próprio por meio da variação do valor total das novas moradias. Este procedimento tem o inconveniente de expor o índice a flutuações especulativas nos preços dos imóveis, o que reduz o interesse em utilizá-lo. Apenas Austrália e Nova Zelândia o seguem.

A comissão avaliou em 0,25 ponto percentual ao ano o viés de alta do segmento moradia do CPI. Para tanto, recorreu ao censo habitacional, segundo o qual, entre 1976 e 1993, o valor mediano do aluguel residencial elevou-se 2,92 vezes. Para o mesmo período, o índice referente a aluguéis no CPI registrou um avanço na razão de 2,42. A comparação entre os dois fatores indica uma subestimativa da taxa de crescimento dos aluguéis por parte do componente do CPI ao redor de 1,0 ponto percentual ao ano. É

---

[83] A soma destes dois pesos é inferior aos 33% referentes à moradia porque há outras despesas nesta classe, tais como hospedagem fora de casa e seguro imobiliário.

natural que haja um desencontro entre as duas medidas porque o CPI se vale de um painel de informantes, cuja atualização, por ser mais lenta, não reproduz a dinâmica do mercado imobiliário no que se refere a mudanças de padrão e qualidade das novas edificações. Se devidamente considerados, estes dois aspectos podem inverter o sentido da subestimativa.

Primeiramente, a comissão estimou em pelo menos 20% o acréscimo no tamanho médio dos apartamentos, no período analisado, o que poderia explicar por que a proporção de aumento de preço informada pelo censo habitacional superou a variação do índice de aluguéis. Corrigindo a medida do CPI para levar em conta esta diferença de dimensão das residências, a subestimativa já diminui. Adicionalmente, constatou-se uma contínua melhora na qualidade dos imóveis, tais como ar-condicionado central, instalações hidráulicas mais eficientes e áreas de lazer. Com esta nova correção, o que antes era subestimativa, converte-se em superestimativa de 0,25 ponto percentual.

O relatório termina com uma lista de 16 recomendações. A primeira, da qual se originam quase todas as outras, afirma que o BLS deve ter como objetivo o desenvolvimento de um índice de custo de vida, afastando-se do conceito mais limitado de índice de preços ao consumidor. Uma conseqüência imediata da publicação da lista foi acelerar o andamento das mudanças metodológicas projetadas ou em curso no BLS desde antes da instalação da comissão. O uso da média geométrica nos níveis inferiores de agregação foi oficializado em janeiro de 1999, após um período de quase dois anos de divulgações experimentais.

Outra modificação capaz de eliminar várias fontes de distorção foi o encurtamento do período entre revisões da estrutura de ponderação. Em janeiro de 1998, o CPI incorporou os pesos da pesquisa de orçamentos familiares realizada entre 1993 e 1995. Embora estivesse planejada para ocorrer independentemente das recomendações da comissão, esta foi a primeira atualização em 11 anos. Desde então, as revisões têm ocorrido a cada dois anos, quando passam a ser usados pesos calculados com base em dados levantados em média dois anos antes.

Uma terceira recomendação acatada pelo BLS foi a criação de um índice calculado com base em uma combinação de pesos da data inicial e do período atual, o que só se tornou possível dada a natureza contínua das pesquisas de orçamentos familiares. Publicado desde 2000 com o nome de

C-CPI-U,[84] este indicador pretende ser uma aproximação do conceito de índice de custo de vida, funcionando como alternativa ao CPI, construído segundo a fórmula de Laspeyres. O C-CPI-U não está sujeito à mesma rigidez do CPI, que mantém a cesta fixa. Em compensação, sua divulgação é defasada e a revisão de dados freqüente. Entre janeiro de 2000 e janeiro de 2006, a diferença entre os dois índices foi da ordem de 0,38 ponto percentual ao ano, com o CPI superando o C-CPI-U. Esta é uma evidência de que o viés de substituição de nível superior continua a existir e supera a estimativa da comissão.

Com relação ao tópico mudança de qualidade, o BLS estendeu, em 1998, o uso de regressões hedônicas a produtos eletrônicos. O mais sofisticado dos cinco métodos usados pelo BLS para ajustes de qualidade era aplicado até então somente ao grupo vestuário. O método hedônico estabelece correspondências entre preços de diferentes modelos de um produto e seus respectivos parâmetros de qualidade. Pode, desse modo, quantificar o impacto sobre o preço final de mudanças em cada parâmetro. No caso dos eletrônicos, contudo, o ganho de precisão teve pouca influência sobre o resultado total do CPI, pelo diminuto peso destes itens.

O trabalho da comissão não ficou incólume a críticas. Na visão do BLS, o relatório não levou em conta, na proporção devida, os métodos de ajuste de qualidade já praticados. Por isso, exagerou em sua estimativa. Para comentaristas da academia, por outro lado, o viés atribuído a produtos novos foi conservador.

Uma voz crítica que, pela clareza analítica, deve ser ouvida é a de Jack Triplett.[85] Na sessão do encontro da American Economic Association de janeiro de 2006, que discutiu o relatório Boskin 10 anos depois de editado, Triplett alfinetou os membros da comissão, chamando as estimativas publicadas de *guesstimates*.[86] Em sua opinião, não havia conhecimento suficiente para se chegar aos números publicados, especialmente os referentes a

---

[84] *Chained*, encadeado, daí o *C*. A letra *U* ao final designa que o índice se refere a todos os consumidores urbanos.

[85] Ex-economista chefe do Bureau of Economic Analysis.

[86] Combinação entre *guess*, adivinhação, e *estimate*, estimativa.

mudanças de qualidade. Ao mesmo tempo, sem eles, dificilmente o relatório teria provocado a mesma repercussão.

Um ponto sutil levantado por Triplett foi a possibilidade de ocorrer viés de baixa em itens sujeitos a mudanças de qualidade, contrariando a intuição. Afinal, produtos aprimorados aumentam o bem-estar do consumidor, o que, sem o devido ajuste, dá origem a viés de alta. A questão reside no tipo de procedimento usado pela agência estatística para lidar com o fenômeno. O BLS utiliza, entre outros, o método de exclusão, em que os preços do item cuja qualidade se modificou são eliminados do cálculo, no período em que se observa a alteração. A variação de preço para este item é estimada por meio das variações de outros itens que não necessariamente sofreram mudanças de qualidade. O método cria um ajuste implícito, que pode ser excessivo. Nestas circunstâncias, o índice calculado conterá um erro de sentido oposto ao da mudança de qualidade. Com o cuidado de não produzir *guesstimates* sobre tais ocorrências, Triplett demonstra a fragilidade da estimativa numérica da comissão.

Dos fatores causadores de superestimativa do CPI apontados no relatório, apenas um foi removido: o viés de substituição de nível inferior, com a adoção de médias geométricas nesse estágio dos cálculos. Gordon,[87] um dos membros da comissão, avaliou que o CPI ainda contém um viés da ordem de 0,8 ponto percentual. Isto significa que, em relação aos outros fatores, pouco se caminhou. Pesquisas importantes continuam a ser feitas, mas a agenda é extensa.

A título de conclusão, vale reproduzir alguns pontos selecionados por Diewert[88] em sua apresentação na Conferência da OCDE de 2005. Segundo o especialista canadense, problemas de mudança de qualidade e introdução de novos produtos são de difícil equacionamento metodológico quando se trabalha num contexto de índice de Laspeyres. As distorções trazidas pelo ciclo de vida dos bens e serviços de consumo são muito maio-

---

[87] GORDON, Robert J. The Boskin Commission Report: a retrospective one decade later. *NBER Working Paper Series*, n. 12311. Cambridge, Mass.: NBER, 2006. Disponível em: <www.nber.org/papers/w12311>.

[88] DIEWERT, Erwin. Identifying important areas for future price work at the international level. In: OECD Conference. *Proceedings...* Paris, 2005.

res hoje em dia do que no momento em que os institutos de pesquisa começaram a calcular índices de preços, décadas atrás. O tratamento de produtos sazonais é outro desafio, como também o é a correta mensuração de preços de serviços como seguros, comunicações, lazer e moradia.

Por fim, é possível que se dissemine internacionalmente a publicação de mais de um índice de preços ao consumidor. Há usuários que necessitam de uma informação imediata. A fórmula de Laspeyres os atende. Outros podem preferir uma medida mais precisa e para isto estarão dispostos a aguardar o tempo necessário à publicação de índices calculados com fórmulas mais sofisticadas e maior exigência de dados.

INFLAÇÃO E HISTÓRIA

A idade da inflação[*]

Desde que a humanidade se organizou economicamente em torno do sistema de preços, eles sobem e descem, mas as elevações têm prevalecido. Há narrativas históricas sobre altas que desafiaram imperadores com espírito disciplinador a toda prova.[89] Registros planejados desses movimentos de preços, para uso de governos e cidadãos, porém, são feitos de forma sistemática apenas há pouco mais de um século. Daí para trás é preciso revirar arquivos e documentos esparsos, nem sempre bem conservados. O principal trabalho de arqueologia inflacionária foi desenvolvido pelo Comitê Científico Internacional de História de Preços, idealizado no final dos anos 1920 por dois renomados economistas: Sir William Beveridge, então diretor da London School of Economics, e Edwin Gay, professor de história econômica em Harvard.

O comitê contou com recursos da Fundação Rockefeller e durante três anos promoveu sete conferências, atraindo a participação de uma dezena de estudiosos europeus e americanos. As séries mais longas do projeto foram coligidas por Beveridge, que em sua busca retrocedeu ao século XII.[90] Séries com origem no século XVI foram compostas por Nicholaas Posthumus, para a Holanda, compreendendo o período da Tulipmania, Henri Hauser, para a França, Francis Bujak, para a Polônia, e Earl Hamilton, para a Espanha. O comitê produziu, ainda, séries para Alemanha, Áustria e Estados Unidos. Estas últimas, como a própria história do país, são as mais curtas, começando no século XVIII. A principal motivação para estes levantamentos foi avaliar a evolução das condições de vida da população trabalhadora.

---

[*] Originalmente publicado em jan. 2007.

[89] Alexandre Magno e Diocleciano são os melhores exemplos

[90] BEVERIDGE, William; LIEPMANN, L.; NICHOLAS, F. J.; RAYNER, M. E.; WRETTS-SMITH, M. *Prices and wages in England from the twelfth to the nineteenth century*. London: Longmans, Green and Co., 1939. v. 1.

Para a construção das séries, Beveridge recorreu a registros de compras feitas por mosteiros e outras residências de religiosos ingleses, pagamentos em espécie de arrendatários e parceiros de lotes rurais, vendas em mercados e feiras em datas religiosas e, para períodos mais recentes, aquisições de hospitais, da Marinha, estatísticas de comércio exterior e jornais de negócios, como a *London Gazette*. As séries, ressalta o autor, retratam transações repetidas com regularidade no que diz respeito a características de qualidade de cada produto, a forma como a venda se realizou, as quantidades e outros elementos capazes de afetar os preços. Estes são preceitos seguidos na moderna produção de índices.

Compromissos profissionais de seus membros, conjunturas econômica e política adversas, com a Grande Depressão mobilizando inteligências enquanto o nazismo as repelia, e o esgotamento dos fundos para a manutenção das pesquisas levaram o comitê a se dissolver em 1933. Seus trabalhos, entretanto, tiveram desdobramentos.

Em 1956, dois pesquisadores ingleses[91] reuniram as séries produzidas por Beveridge e montaram um índice agregado, representativo de uma cesta de consumo. A cesta era pouco diversificada, como se pode esperar do consumo das famílias trabalhadoras nos primórdios do capitalismo. Além do trigo, havia carnes ovina e de porco, às quais se acrescentou a bovina no século XVIII, peixe, queijo, manteiga, bebidas, tecidos, luz e energia. A composição da cesta, bem como os pesos atribuídos a cada item, tinha como fonte alguns poucos estudos sobre despesas familiares, adaptados pelos autores.[92]

Do início da série, na segunda metade do século XIII, até o princípio do século XVI, o índice mostrou tendência de estabilidade, vale dizer, ausência de inflação. A curto prazo, porém, a volatilidade era elevada. Entre 1313 e 1316, os preços dobraram para retornar 11 anos depois ao nível de onde haviam partido. As variações típicas eram de 5% a 10% ao ano, para cima ou

---

[91] BROWN, E. H. Phelps; HOPKINS Sheila V. Seven centuries of the prices of consumables, compared with builders wage-rates. *Economica*, v. 23, n. 92, 1956.

[92] WOOD-LEGH, K. L. *A small household of the fifteenth century*. Manchester: Manchester University Press, 1956. DAVIES, David. *The case of labourers in husbandry*. London: Robinson, 1795; EDEN, Frederic Morton. *The state of the poor*. London, 1797.

para baixo. Guerras, safras, pragas, pestes e movimentos populacionais são os motivos apontados para as flutuações de maior amplitude.

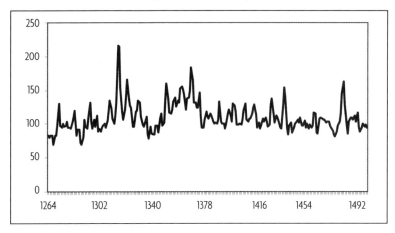

Fonte: Brown e Hopkins, 1956.

De 1500 a 1650, os preços mostraram uma tendência indiscutível de ascensão, elevando-se cerca de 500%, o equivalente a 1,2% ao ano. Daí até 1750, seguiu-se um século de estabilidade, persistindo, porém, as oscilações de curto prazo, em geral mais moderadas do que nos períodos iniciais da série. Esta suavização deve-se em parte à melhor qualidade e maior densidade de informações.

Nos 50 anos seguintes, até 1800, a inflação foi de 150%, reproduzindo o padrão de crescimento do intervalo 1500 a 1650. Este ciclo inflacionário se inverte e os preços entram em trajetória de redução, caindo cerca de 30%, entre 1820 e 1850. Daí até o final do século, alternam-se uma nova onda inflacionária, com alta acumulada de cerca de 40% até 1875, e uma fase de deflação, ao fim da qual os preços retornam ao patamar de 1850.

A primeira metade do século XX é marcada por intensas flutuações no nível de preços. De 1913 a 1918, em função da I Guerra Mundial, os preços sobem 150%. Em meados da década de 1930, contabilizado o efeito deflacionista da Grande Depressão, o nível de preços já havia retornado ao do início do século. É importante lembrar que, fora da Inglaterra, a década de 1920 assistiu a algumas das mais virulentas escaladas de preços da história. Na fase mais aguda da hiperinflação alemã, no segundo semestre de 1923, o nível de preços cresceu, em um único mês, 32.000%. A II Guerra deu origem a novo surto inflacionário na Inglaterra, com a quase duplicação dos preços, entre 1939 e 1945. Mas, ao contrário de episódios anteriores, ao fim do conflito eles não cederam.

Gráfico 2
Preços na Inglaterra, 1501 a 1954
(base 1451-1475=100)

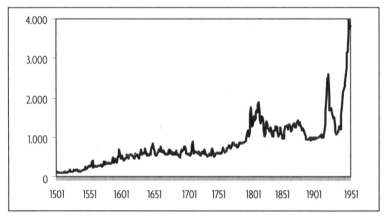

Fonte: Brown e Hopkins, 1956.

A história que se segue é contada pelo RPI, o *retail price index*. De 1949 a 2005, os preços variaram 6% ao ano. A inflação foi especialmente alta na década de 1970, sob o impacto dos choques do petróleo. Em 1975, a alta do RPI foi de 24,2%.

As séries americanas, ainda que mais curtas, são abundantes e fartamente documentadas. Um primeiro grupo é fruto do trabalho de Arthur Cole, integrante do comitê, que publicou, em 1938, um apanhado dos preços no atacado de algumas dezenas de produtos em seis grandes centros de comercialização.[93] Outro resultado das pesquisas do comitê foi o estudo

---

[93] COLE, Arthur H. *Wholesale commodity prices in the United States*, 1700-1861. Boston: Harvard University Press, 1938.

de Warren e Pearson, cobrindo o período de 1720 a 1932.[94] Estes autores constroem séries de preços no atacado, inclusive um índice agregado, representando a média de todos os itens. Além do interesse em questões ligadas a custo e padrão de vida, os estudos americanos, produzidos durante a Grande Depressão, tinham também por finalidade a análise do ciclo de negócios.

O índice geral de Warren e Pearson restringe-se à cidade de Nova York, tem por base cotações publicadas em jornais, complementadas por registros administrativos, como o relatório do Tesouro sobre a situação das finanças nacionais de 1863, e o número de itens incluídos sobe, ao longo da série, de 113 para 146. Este índice mostra dois surtos inflacionários. No primeiro, associado à Revolução Americana, a Guerra de Independência, os preços sobem cerca de 200%, entre 1775 e 1780, caindo rapidamente nos anos posteriores.

No segundo, os preços dobram, entre 1860 e 1864, durante a Guerra Civil, para retornar ao patamar *antebellum* uma década e meia depois. Nos anos da guerra, a alta de preços foi generalizada. Os principais grupos de produtos do índice — alimentos, têxteis, metais, combustíveis e energia, químicos e drogas e artigos de residência — subiram entre 180% e 240%. Desgarrado dos demais, o grupo de bebidas alcoólicas disparou, crescendo 400%. Tudo somado, o século XIX foi deflacionário nos Estados Unidos. Ao redor de 1900, o nível de preços era cerca de um terço inferior ao registrado em torno de 1800.

Além de coerentes com as de Warren e Pearson, as séries de Cole mostram, por exemplo, os efeitos do *boom* ferroviário americano. Os preços de trilhos de aço quase dobraram nos anos posteriores à Guerra Civil, mas, a partir de 1870, começaram a recuar, situando-se, no final da década seguinte, em patamar 80% inferior ao atingido no pico da trajetória.

Não há acervo tão abrangente de séries para preços ao consumidor. A lacuna é compreensível dada a dificuldade de reunir registros deste tipo de transação. A reconstituição mais longa retrocede a 1820[95] e ilustra pelo menos dois fatos familiares aos analistas de hoje. Durante a Guerra Civil, os

---

[94] WARREN, George F.; PEARSON, Frank A. *Wholesale prices for 213 years*, 1720-1932. New York: John Wiley and Sons, 1933.
[95] Federal Reserve Bank of New York.

preços no varejo subiram pouco mais de 50%, bem abaixo dos quase 200% no atacado. Observa-se também uma rigidez maior dos preços no varejo, com quedas mais suaves e menos freqüentes do que no atacado.

O Brasil não participou do comitê e tampouco foi objeto da curiosidade de seus membros. Nem por isso deixou de haver interesse de pesquisadores brasileiros em demarcar a inflação passada no país. O ponto de partida foi o trabalho de Onody, publicado em 1960.[96] Embora apresente uma tipologia e um bem articulado sumário sobre causas e conseqüências da inflação, a investigação empírica, baseada em 18 produtos constantes da tarifa alfandegária, deixa a desejar. Outro ponto fraco do estudo é a irregularidade da série, que não tem dados para todos os anos. De todo modo, segundo este levantamento, os preços subiram à taxa média anual de 1,5%, entre 1829 e 1899. Por ordem cronológica, em 1971, Lobo construiu um índice de preços de gêneros alimentícios no Rio de Janeiro, cobrindo o período de 1820 a 1930.[97] Os preços foram coletados do *Jornal do Commercio*, que até hoje conserva na grafia os dois emes, da Santa Casa de Misericórdia e da Ordem Terceira de São Francisco da Penitência.

Em 1973, foi a vez de Buescu, confessadamente inspirado em Garcia Marquez, lançar o seu *300 anos de inflação*.[98] Bem mais fundamentado em dados que o levantamento de Onody, o trabalho de Buescu divide a história brasileira em períodos cuja dinâmica inflacionária é associada a andamentos musicais. O ciclo do açúcar, por exemplo, de 1560 a 1640, recebe o tratamento de andante, e a inflação o apelido de rastejante, em razão da alta média de preços, precariamente mensurada, de 1,5% a 3% ao ano. Já no ciclo da mineração, de 1693 a 1760, o andamento inflacionário passa a presto, e o adjetivo a galopante.

Por último, Catão[99] estimou um índice de preços por atacado para o período de 1870 a 1913, colhendo dados do *Jornal do Commercio*, como

---

[96] ONODY, Oliver. *A inflação brasileira* (1820-1958). Rio de Janeiro, 1960

[97] LOBO, E. M. L. et al. Evolução dos preços e do padrão de vida no Rio de Janeiro, 1820-1930. *Revista Brasileira de Economia*, out./dez. 1971.

[98] BUESCU, Mircea. *300 anos de inflação*. Rio de Janeiro: Apec, 1973.

[99] CATÃO, L. A new wholesale price index for Brazil during the period 1870-1913. *Revista Brasileira de Economia*, out./dez. 1992.

Lobo, e usando um sistema de agregação derivado de censos econômicos. É, sem dúvida, o mais embasado, mas também o de menor extensão. De acordo com este levantamento, a inflação acumulada no período de cobertura da pesquisa foi de 40%, o equivalente a 0,8% ao ano. Tanto o índice de Lobo quanto o de Catão detectam aceleração inflacionária nos primeiros anos do governo republicano. Entre 1889 e 1892, período que contém o conhecido episódio do Encilhamento, o auge de uma fase de grande especulação financeira, os registros de alta foram de 97,2% e 56,1%, respectivamente. Os outros dois estudos não trazem estimativas para esse período.

Na primeira parte do século XX, inflação e crescimento andaram lado a lado: 5% ao ano de acordo com a tese de doutorado de Haddad.[100] O indicador de preços usado neste contexto é um deflator implícito do PIB. Durante a primeira década e meia, a inflação oscilou, sem registrar tendência definida de alta ou de baixa. As duas guerras mundiais foram fases de aceleração e a segunda, além dos preços, impulsionou o produto por meio de uma substituição compulsória de importações.

Dos índices brasileiros atualmente em produção, apenas dois têm sua data inicial anterior à metade do século passado: o IPC da Fipe e o IGP da FGV. O primeiro começou a ser calculado em 1939, por uma divisão de estatística da Prefeitura Municipal de São Paulo, e somente em 1968 foi transferido para o Instituto de Pesquisas Econômicas da USP, atual Fipe. Trata-se de um índice de preços ao consumidor, representativo das despesas das famílias paulistanas.

O IGP foi apresentado ao público em novembro de 1947, na edição inaugural da revista *Conjuntura Econômica*. Quando veio ao mundo, sua função era a de deflacionar o índice de negócios, daí resultando uma aproximação para o conceito de produto real. O Núcleo de Economia da FGV, que depois se transformou no Instituto Brasileiro de Economia (Ibre), calculava este índice combinando dois valores nominais: a arrecadação do imposto sobre vendas e consignações, denominada giro comercial, e a compensação de cheques, conhecida como movimento financeiro. O IGP, ainda tratado por extenso como índice geral de preços da evolução dos negócios,

---

[100] HADDAD, Cláudio. *O crescimento do produto real no Brasil, 1900-1947*. Rio de Janeiro: FGV, 1978.

ao eliminar o efeito da inflação, permitia a análise das fases do ciclo econômico.

Nos primeiros números da revista, o IGP era obtido por meio da média simples entre os índices de preços por atacado e de custo de vida na cidade do Rio de Janeiro. Em 1950, passou a incluir em sua composição o índice de custo da construção na então capital federal, recebendo a estrutura de pesos em uso até hoje: 60% para os preços no atacado, 30% para o custo de vida e 10% para o índice da construção, os dois últimos com sucessivas ampliações de cobertura geográfica. Embora conceitual e metodologicamente diversos, os índices das duas instituições têm algo em comum: se acumulados desde a origem, a proporção entre o valor final e o inicial é superior a 1 quintilhão.

A origem das bolhas*

O que têm em comum um quadro de Picasso, um apartamento bem situado em Paris, uma casa de campo na Califórnia, uma jóia rara, um punhado de dólares, ações de empresas petrolíferas latino-americanas e tulipas holandesas do século XVII? Muito. São, ainda que momentaneamente, ícones de prosperidade, objetos de desejo e cobiça. São também ativos, isto é, formas de riqueza, cujos preços estão sujeitos a frenéticas, insanas, descontroladas e explosivas subidas, que apenas antecedem tombos monumentais. O comportamento dos preços destes e de outros ativos, na fase maníaco-depressiva, atende pelo sugestivo nome de bolha.

Um componente essencial na determinação do preço de um ativo é a seqüência de retornos que ele pode proporcionar no futuro. Este é o componente racional do preço de uma ação ou de um imóvel. Mas é uma racionalidade fundamentada em expectativas, que podem não se materializar. Como os preços de hoje são, em larga medida, a projeção daquilo que ainda vai ocorrer, inferências bem circunstanciadas (para não falar de boatos) sobre possíveis mudanças de rumo nas variáveis que condicionam cada mercado provocam saltos, para cima ou para baixo, nas cotações. Isto é flagrante nos mercados de câmbio. Se um partido político de oposição experimenta um ganho de popularidade, a taxa de câmbio pode sofrer uma desvalorização imediata, mesmo que as eleições demorem.

Outra explicação para oscilações súbitas é a má formação de expectativas. Observações errôneas ou interpretações distorcidas de fatos ou dados podem lastrear decisões de investimento que produzem trajetórias explosivas de preços. Apesar de parecerem bolhas, estas trajetórias podem ser perfeitamente compatíveis com as convicções e expectativas dos participantes do mercado. Esta pseudo-anomalia pode resultar da influência de gurus

---

* Originalmente publicado em fev. 1999.

financeiros sobre investidores mal informados ou da aplicação repetitiva de estratégias leigas e rudimentares de compra e venda.

Más há situações extremas, em que os mercados parecem entrar em parafuso. Os preços dos ativos sobem hoje porque os investidores acreditam que poderão revendê-los amanhã, com vantagem. Sem que o mercado se dê conta, esta crença pode ir gradativamente perdendo o sentido e se tornar inteiramente destituída de fundamento. É quando se forma a bolha. A motivação para comprar e vender deixa de ser a expectativa individual a respeito do futuro daquele ativo. As decisões são agora governadas pelas expectativas individuais a respeito das expectativas do mercado. Neste jogo de adivinhações, mesmo que todos, individualmente, achem que os preços tendem a cair, os preços podem continuar a subir. Basta que cada investidor acredite que os outros investidores esperam que os preços continuem a subir.

Nenhum ativo pode subir de preço indefinidamente. Chegará um momento em que não haverá mais compradores porque lhes faltará renda para adquirir o ativo. Quanto tempo pode durar uma bolha antes de estourar? Suponha que os preços dos imóveis estejam num movimento de alta cada vez mais inexplicável. Investidores começam a desenhar cenários de queda em, no máximo, dois anos. Diante disto, a queda pode ocorrer não mais em dois, mas em um ano. A razão é que será difícil alguém comprar imóveis para revender no ano seguinte diante da iminência de estouro da bolha. Este mesmo raciocínio pode ser replicado até se chegar ao presente. Por indução, as bolhas não existiriam, pois nem chegariam a se formar. Mas não foi o estouro de uma bolha imobiliária o estopim da crise asiática?

Há uma intensa disputa entre economistas teóricos sobre a existência de bolhas. Os adeptos mais fervorosos da racionalidade dos mercados resistem a admiti-las. Consideram este tipo de diagnóstico sobre o comportamento dos mercados uma espécie de capitulação intelectual diante das dificuldades em mapear e modelar a racionalidade de movimentos à primeira vista inexplicáveis. Este fervor às vezes produz conclusões simplistas. Uma delas é a de que os mercados são um corpo homogêneo e uniforme. A realidade é bem diferente.

Um mercado que transaciona ativos é composto de investidores com propósitos diversos e até contraditórios. Cada investidor tem um determinado nível de informação, uma propensão específica a correr riscos, o seu próprio horizonte de planejamento e, mais importante, um cacife para bancar apostas diferente dos demais participantes do mercado. Conforme ressalta o professor Charles P. Kindleberger,[101] os primeiros investidores em ferrovias nos Estados Unidos viam estes empreendimentos apenas como um meio para auxiliar seus negócios principais. Um segundo grupo interessou-se pela ferrovia como negócio. Finalmente, um terceiro grupo, com interesses especulativos, percebendo a elevação no preço das ações das companhias ferroviárias, tomou dinheiro emprestado para fazer compras maciças e ganhar na revenda.

Investidores como os deste último grupo agem alavancadamente. Usam recursos de terceiros numa proporção muitas vezes superior ao emprego de seus próprios. Para que a operação se mostre vantajosa, é preciso que o resultado da revenda das ações seja suficiente para pagar o empréstimo anteriormente contraído. Quanto mais frouxa for a política monetária, mais os bancos serão perdulários na concessão de crédito. Isto significa mais oxigênio para os mercados inflarem suas bolhas. Assim estava a política monetária americana no período que antecedeu o *crash* da bolsa em 1929. Talvez sugestionado por este fatídico antecedente, Alan Greenspan vinha se mostrando avesso a novos cortes nos juros. Seu plano é desinflar com palavras a bolha de Wall Street.

Embora legítima, a prudência do banqueiro central americano pode se revelar inútil. Uma das características mais peculiares das bolhas é o súbito e estrondoso esvaziamento. O *crash* de 1929, o mais sensacional e dramático desfecho de uma bolha, foi extensamente documentado, ainda que escassamente decifrado. Pode ter sido deflagrado pela emissão excessiva de ações, por choques externos ou pelo início de um aperto creditício. Alguma coisa perturbou a confiança dos investidores. A pressa em abandonar o mercado acionário se espalhou com virulência e fez com que as cotações despencassem. Em dois meses, o índice de ações caiu 35%. Durante os 12 meses subseqüentes, as ações perderam outros 30%. Greenspan conhece passo a passo a exuberância destes movimentos.

---

[101] Autor, entre outros livros, de *Manias, pânicos e crashes*: um histórico das crises financeiras (Rio de Janeiro: Nova Fronteira, 2000), no qual analisa como surgem, se propagam e terminam diversas espécies de crises financeiras.

Um episódio muito menos conhecido que o *crash* de 1929 foi a intensa especulação com tulipas ocorrida na Holanda entre 1634 e 1637.[102] Este bizarro acontecimento permaneceu obscuro por quase dois séculos. Em 1841, Charles Mackay publicou um copioso tratado intitulado *Memórias de extraordinárias desilusões populares e a loucura das multidões*. Embora tenha dedicado apenas sete páginas à fascinação maníaca que a bela flor oriunda da Turquia exerceu sobre os holandeses naquele curto espaço de tempo, Mackay tornou-se o patriarca de uma inesgotável linhagem de estudos e ensaios. Coube ao professor Samuelson, em 1957, introduzir na literatura econômica o episódio, que passou a ser conhecido como Tulipmania (ou Tulipomania).

Em 1987, o renomado historiador Simon Schama conferiu um lugar de destaque a este estranho acontecimento no alentado estudo que produziu sobre o apogeu da cultura holandesa. Embora tenha sido qualificado como definitivo pela crítica especializada, o trabalho do professor Schama parece ter motivado uma fornada de novas obras sobre o tema. Entre 1998 e 2000 estavam programados para publicação na Inglaterra pelo menos quatro títulos, que vão de história à ficção.[103] Talvez seja o início de uma bolha editorial.

Durante o século XVII, segundo a narrativa de Mackay, a Holanda havia se transformado no mais respeitado centro para o cultivo e o desenvolvimento de novas formas de tulipas. Demandadas pelos abastados, as variedades mais raras, como a Semper Augustus, podiam ultrapassar US$ 15 mil, em valores atuais. Estas cotações referem-se aos bulbos, a parte durável da planta. A partir de 1634, o mercado de bulbos foi tomado de assalto por especuladores. O assédio dos novos demandantes deu origem a mercados futuros com intensa contratação. Como nos mercados futuros modernos, nem os compradores possuíam o dinheiro, nem os vendedores dispunham dos bulbos na data do vencimento dos contratos. Na verdade, ambas as partes se contentavam com um acerto financeiro equivalente à diferença

---

[102] A descrição dos episódios a seguir é baseada em: GARBER, Peter. *Famous first bubbles*. *Journal of Economic Perspectives*, v. 4, n. 2, Spring 1999.

[103] O assunto parece inesgotável. Em 2007, numa busca rápida pela internet, foram localizados os seguintes títulos, lançados a partir de 2001: *Tulipmania*: the next story of the world's most coveted flower & the extraordinary passions it aroused, de Mike Dash (Three Rivers Press, 2001); *Tulipmania*: money, honor and knowledge in the Dutch Golden Age, de Anne Goldgar (University of Chicago Press, 2007); *Matters of exchange*: commerce, medicine and science in the Dutch Golden Age, de Harold J. Cook (Yale University Press, 2007).

entre valores contratados e efetivamente apurados na data de exercício dos contratos. Sem as exigências das bolsas de futuros dos dias de hoje, a movimentação financeira em torno de bulbos imateriais cresceu espetacularmente.

Outro fator que ajudou a multiplicar os volumes transacionados foi a possibilidade de se contratar frações de bulbos ao invés de apenas unidades inteiras. Entre novembro de 1636 e janeiro de 1637, a mesma variedade Semper Augustus chegou a ser cotada a US$ 55 mil. Vultosas somas entraram no país para participar da febre especulativa. Pessoas humildes se desfizeram de suas modestas posses para investir em tulipas.

Repentinamente, na segunda semana de fevereiro de 1637, o frenesi deu lugar ao colapso das cotações. Mesmo a 10% do valor anterior à queda, variedades raras não encontravam comprador. Os contratos pendentes foram considerados suspensos pelas autoridades governamentais. Por tentativa e erro, foram aos poucos sendo fixados parâmetros para a liquidação dos contratos. Os preços não caíram por igual. A variedade English Admiral caiu de 700 florins da época, no pico da especulação, para 200, seis anos depois. Mais devastador foi o efeito da crise sobre o preço da variedade Witte Croonen. Em fevereiro de 1637, o preço havia alcançado o valor astronômico e absolutamente artificial de 1.668 florins. Em 1643, correspondia a apenas pouco mais de 2% daquele valor. A queda prosseguiu, intensa e generalizada, por pelo menos um século. Em 1739, a antes valorizadíssima Semper Augustus era transacionada a ínfimos 0,005% do preço vigente em janeiro de 1637. As espécies que mais resistiram à queda não chegavam a 1% do valor original.

Segundo Mackay, com a derrocada da Tulipmania, a Holanda entrou em depressão econômica. Vários historiadores, inclusive o professor Schama, descrevem o período como de prosperidade. Pela posição destacada que ocupa na literatura, a narrativa de Mackay requer um exame crítico. É nítida a precariedade dos números sobre os quais se assentam narrativas e interpretações a respeito da Tulipmania. O único economista a tratar do tema antes de sua integração à literatura formal, nos anos 1950, foi o holandês Nicholaas Posthumus. Entre 1926 e 1934, este autor divulgou dados sobre os preços dos bulbos coletados em arquivos de cartórios onde haviam sido registrados os contratos firmados durante a febre das tulipas.

A Tulipmania é a mãe de todas as bolhas. O termo chegou a ganhar uma significação mais ampla, referente a uma classe de eventos em que os preços desafiam a racionalidade. O *Novo Dicionário Palgrave*, em seu verbete, vai ao extremo de sequer mencionar o acontecimento, datado e localizado. É possível se encontrar na literatura afirmações enviesadas, tais como "a Tulipmania não foi uma tulipmania".

Em perspectiva histórica dois outros episódios, praticamente geminados, integram, como coadjuvantes, a galeria de extravagâncias especulativas. Cada um envolveu uma companhia, com expansão patrimonial fulminante. A aquisição de empresas ou de títulos da dívida pública pelas duas companhias era financiada por sucessivas emissões de ações. A cada nova emissão, as ações eram vendidas a preços mais altos. Finalmente, a última geração de compradores amargou pesadas perdas quando as ações caíram verticalmente de preço.

Em 1715, John Law, um inglês com fértil imaginação financeira e invejável habilidade para influenciar pessoas, convenceu o regente francês Philippe D'Orleans a permitir que abrisse um banco emissor, o Banque Générale. Em agosto de 1717, Law adquiriu a Mississippi Company, abriu seu capital e a transformou na Compagnie d'Occident, que logo se tornou concessionária de importantes monopólios comerciais. Todo o comércio com a Louisiana, então colônia francesa, e toda a comercialização de peles de castores canadenses eram direitos exclusivos da empresa fundada por Law. Por conta destes dois negócios iniciais, o ciclo de ascensão e queda do conglomerado que se formou sob o comando de Law ficou conhecido como a bolha do Mississippi (Mississippi *bubble*).

Para encurtar uma longa história, entre 1717 e 1720, Law obteve os monopólios do fumo e do comércio com a África, adquiriu as companhias da China e das Índias Orientais, comprou o direito de coletar todos os impostos e, para culminar, foi nomeado controlador-geral e superintendente-geral de Finanças da França. A expansão de seu império comercial foi financiada pela colocação de ações cujos preços de lançamento subiram em torno de 20 vezes, entre a primeira e a última emissões.

Não é fácil encontrar paralelo para a extensão do poder e o grau de controle da ambiência econômica concentrados em uma só pessoa. Law praticou uma política monetária generosa. Isto obviamente favoreceu a colocação de suas ações. Em compensação, o nível de preços em Paris dobrou ao longo de 1719 e 1720. Os privilégios de Law foram finalmente postos em xeque, por manobras de seus inimigos políticos, abalando a confiança dos investidores que haviam comprado suas ações. O achatamento dos preços não demorou. Em setembro de 1721, eles já haviam retornado aos valores vigentes em maio de 1719, antes da ciranda.

Caso semelhante ocorreu na Inglaterra em 1720. A South Sea Company, monopolista no comércio com as colônias sul-americanas, adquiriu vultoso montante de títulos da dívida pública britânica. Após um bem-sucedido trabalho de convencimento de alguns eminentes membros do Parlamento, a companhia obteve permissão para financiar a compra de papéis do Tesouro por meio de emissões de ações, o mesmo esquema de John Law. Entre janeiro e julho daquele ano, as ações pularam de £ 130 para valores entre £ 900 e £ 1 mil. Esta foi a fase ascendente da bolha South Sea. O colapso foi mais rápido. Ao final de setembro, os preços já tinham aterrissado. Segundo estudiosos, a queda foi deflagrada por uma crise de liquidez que, iniciada na França com as peripécias de Law, acabou contagiando a Inglaterra.

Os fatos aqui narrados não são apenas o registro pitoresco da excitação, por vezes irracional, ou da astúcia, sempre calculada, dos que embarcam nas ondas dos mercados de capitais. São confirmações de que bolhas e manias, assim como o pânico e a corrida desabalada, não respeitam datas e fronteiras. Uma política monetária bem dosada pode amortecê-las, mas talvez não seja o bastante para eliminá-las. Como dizia um ilustre economista já falecido: "eu não acredito em bolhas, *pero que las hay, las hay*".

A inflação segundo Mario Henrique Simonsen*

De todos os temas econômicos que abordou, nenhum recebeu mais espaço do professor Mario Henrique Simonsen em seus escritos do que a inflação. A matriz de seu pensamento sobre o assunto está no livro *Inflação: gradualismo x tratamento de choque*, publicado em 1970. Em *Dinâmica macroeconômica*, de 1984, a inflação é objeto de quatro dos 12 capítulos. Nos *Textos escolhidos*, volume que reúne artigos e ensaios publicados na imprensa durante as décadas de 1980 e 1990, há pelo menos 60 de 142 que tratam diretamente da alta de preços. Esta predominância dificilmente poderá ser dissociada do tempo em que viveu e da noção sempre reiterada por ele de que não há desenvolvimento econômico que se sustente sem a prévia erradicação da inflação.

Quando ele morreu, há 10 anos, os estudantes de hoje das faculdades de economia tinham em média 10 anos de idade. Embora muitos professores incluam na bibliografia de seus cursos livros escritos por Simonsen, a leitura de seus textos mais curtos, especialmente os que tratam de inflação, é um hábito a ser cultivado, para usar um recurso muito a seu gosto, por pelo menos cinco razões: primeiro, porque oferecem uma combinação didática e bem dosada de conceitos e fatos econômicos; segundo, dissecam a formulação da política antiinflacionária, sem esquivar-se de emitir juízo de valor; terceiro, proporcionam uma visão panorâmica da evolução institucional da economia brasileira; quarto, são uma oportunidade de apreciar o rigor lógico e o estilo irreverente a serviço da arte de argumentar; e quinto, ninguém está completamente livre de que um dia um bando de aloprados se aproprie do comando da política econômica e para enfrentar uma recaída dessas o conhecimento da nossa história inflacionária é um bom ponto de partida.

---

* Originalmente publicado em fev. 2007.

Tempos de gradualismo

Inflação: gradualismo x tratamento de choque tem 10 capítulos. Os dois primeiros ocupam-se da política antiinflacionária do período 1964-69. A opção gradualista do Paeg,[104] de combater a inflação por etapas, é justificada pela inexistência, no Brasil de quatro décadas atrás, das precondições consagradas historicamente para a adoção de um tratamento de choque, entre as quais a desorganização do sistema monetário provocada por uma hiperinflação. Além disso, os preços "costumam ser muito pouco flexíveis no sentido descendente". A tentativa de freá-los por certo elevaria o desemprego, o que não interessava ao governo recém-instalado, consciente da "ojeriza nacional às crises de estabilização".

"Como todo plano clássico de combate à inflação, o Paeg baseou sua estratégia de contenção da alta de preços no tripé fiscal-monetário-salarial." Para amenizar os efeitos perversos da contenção monetária e fiscal sobre o nível de emprego,

> o PAEG propunha uma fórmula que calculava os reajustamentos salariais de modo a que, no período de 12 meses em que vigorasse a nova remuneração nominal, o salário real médio fosse igual à média verificada nos 24 meses anteriores, acrescida de uma pequena percentagem representativa do aumento de produtividade.

Esta regra decorria do princípio de que "o combate à inflação, por si só, se destina a eliminar a instabilidade, mas não a elevar a média dos salários reais".

O realinhamento de aluguéis e tarifas públicas e a rápida disseminação da correção monetária dificultaram o alcance dos objetivos iniciais do plano: "Não obstante todo o saldo positivo da política econômica no período 1964/69, há razões de sobra para que nos mostremos apreensivos com um resíduo inflacionário da ordem de 20% ao ano".

---

[104] Plano de Ação Econômica do Governo, lançado em junho de 1964 pelos ministros Roberto Campos e Octavio Gouvêa de Bulhões, teve em Simonsen um de seus mentores.

Os capítulos seguintes abordam os fundamentos da inflação, bem como os caminhos para enfrentá-la. No capítulo 6, intitulado "A crise de estabilização", Simonsen identifica três componentes da inflação:

a autônoma, que resulta de fatores de ordem institucional (salários, câmbio, preços administrados, etc.) ou acidental (safras agrícolas, etc.); a de realimentação, conseqüência da inflação passada, corresponde a altas de preços resultantes de reajustes salariais proporcionais ao aumento do custo de vida, às destinadas a reconstituir as margens de lucro das empresas e de um modo geral a todas as revisões de preços tornadas automáticas pela legislação sobre correção monetária; e a de regulagem pela demanda. Se esta cresce em ritmo exagerado em relação à capacidade produtiva, é provável que a taxa de inflação seja impelida além daquilo que seria justificado pela superposição das componentes autônoma e de realimentação e vice-versa.

Neste modelo tripartite está presente uma visão eclética que desde cedo permitiu a aceitação de congelamentos de preços e salários como parte de um tratamento de choque, coisa que o pensamento ortodoxo tachava de "inominável heresia". Para Simonsen, "[os congelamentos] podem ser a fórmula mais simples de reduzir o coeficiente de realimentação, evitando um gradualismo inadmissivelmente moroso ou uma crise social insuportável". O livro termina com a constatação de que a escolha do caminho gradualista era circunstancial, podendo ser reconsiderada se as condições macroeconômicas o exigissem. De qualquer maneira, haverá sempre a necessidade de uma escolha. "Ambos não é uma resposta válida para uma opção".

Nos anos de Ministério da Fazenda, entre 1974 e 1978, Simonsen proferiu mais de meia centena de palestras e conferências para públicos tão distintos como os membros das comissões econômicas do Congresso, associações de classe do setor privado, organismos internacionais etc. A primeira da série, em abril de 1974, na Fiesp, começava sem maiores reverências à ortodoxia: "Falar sobre controle de preços no maior centro industrial do país pode parecer exercício de humor negro. Mas a verdade é que esses controles cada vez mais se mostram presentes, nas experiências modernas de combate à inflação". O objetivo do ministro era usá-los de forma criteriosa, em meio a mais uma rodada de inflação corretiva,[105] promovida após a sua posse.

Os primeiros meses da nova gestão foram marcados pela escalada de preços, assim racionalizada por Simonsen:

1974 se iniciou com todos os sintomas clássicos de um processo altista por excesso de demanda: as empresas vendiam com facilidade, mas compravam com dificuldade; os tabelamentos governamentais se revelavam impotentes diante das pressões de demanda; a especulação imobiliária alcançava níveis mais febris e a demanda de importações e a estocagem de produtos assumiam proporções incontroláveis.

Para enfrentar esta ressaca do milagre econômico, quando o PIB cresceu à taxa média de 11% ao ano, o governo preparou uma "dieta de emagrecimento, na qual a expansão monetária deve ser fortemente limitada. Uma vez reduzido o ritmo inflacionário, pode-se então passar à dieta de manutenção, com uma apreciável melhoria dos índices de liquidez".

Em julho de 1977, na Escola Superior de Guerra (vigorava o regime militar), Simonsen analisou em conjunto os problemas da inflação e do balanço de pagamentos, agravados simultaneamente após o choque do petróleo.

Parece fora de dúvida que a arte de condução da política econômica complicou-se bastante para os países importadores de petróleo, a partir de 1974. Desde então, vimos assistindo a um repertório de crises no mundo ocidental, com problemas de inflação, desemprego, desequilíbrios de balanços de pagamentos e endividamento externo crescente.

Essa conferência marca a inversão de prioridade da política econômica, que até então privilegiava o ajuste do balanço de pagamentos. Com um primeiro superávit comercial em quatro anos, as baterias seriam assestadas agora contra a alta de preços, que havia se acelerado no ano anterior, alcançando 46%. A mudança foi sintetizada em uma das frases mais co-

---

[105] Segundo o diretor do Ibre à época, professor Julian Chacel, "ministro que sai deixa inflação reprimida; ministro que entra faz inflação corretiva".

nhecidas de Simonsen: "A inflação é irritante, mas o impasse externo seria mortal".[106]

Ao deixar o ministério e retornar à academia, Simonsen desenvolveu uma prolífica carreira de cronista, não apenas, mas em especial, da inflação. Escritos mensal e, mais adiante, quinzenalmente, ao longo de uma década e meia, seus textos, quando lidos em seqüência, provocam no leitor uma progressiva metamorfose de sentimentos. A convicção de que a inflação é um mal econômico tratável vai dando lugar a um misto de aflição e ceticismo, diante da sucessão de equívocos e do tempo desperdiçado, como em um pesadelo que se eterniza. No começo dos anos 1980, quando a taxa anual transitava de 100% para 200%, Simonsen oferecia parâmetros para a discussão.

> Pior do que a inflação brasileira, só mesmo a torre de Babel de diagnósticos e propostas de cura. Nada impede que uma inflação crônica combine causas monetárias, fiscais, inerciais e de expectativas e que, por isso mesmo, precise ser combatida simultaneamente em todas as frentes.

Apesar da importância da política monetária, o seu uso em um programa de estabilização não deve ser isolado, sob pena de impor custos excessivos: "A política monetária, o mais poderoso instrumento do arsenal antiinflacionário, tem o seu ciclo de atuação, que submete a economia a um purgatório antes de conduzir à terra prometida da calmaria dos preços". "Monetarismo mais paciência acabam dando algum resultado".

Na segunda metade dos anos 1980, floresceu no meio acadêmico a tese de que a inflação se reproduzia espontaneamente, tomando emprestado da física a noção de inércia. A maneira de eliminá-la seria a desindexação:

> Os administradores de nossa política econômica em concordância com o FMI e a maioria dos economistas bem informados diagnosticaram que a inflação resiste no patamar de 200% ao ano devido ao elevado grau de indexação da economia brasileira.

---

[106] A versão mais divulgada é: "a inflação aleija, mas o balanço de pagamentos mata".

O bom e velho modelo tripartite da inflação foi novamente invocado diante do unilateralismo desse diagnóstico:

A teoria inercialista nada tem de nova a não ser o título: ela foi um dos esteios do programa antiinflacionário bem-sucedido do governo Castello Branco. Os jovens inercialistas no entanto deveriam conscientizar-se de que nem só de realimentação vive a inflação e que um programa para combate à componente inercial tem que ser acompanhado por uma política de austeridade monetária e fiscal.

A pluralidade de causas do aumento de preços e o enraizamento da indexação recomendavam cautela na formulação de propostas de estabilização:

Entre as sugestões irrefletidas, destaca-se a da eutanásia da correção monetária. Com taxas de inflação altas e incertas é impossível o mínimo de eficiência econômica sem contratos indexados. A correção monetária sendo um teto (como no caso dos aluguéis) e não um piso (como no caso dos salários) pouco enrijece o sistema de preços.

A supressão da componente inercial requeria uma solução sutil e criativa. Daí o flerte com as sugestões de reformas monetárias. O flerte, contudo, não era incondicional. Algum esforço no aprimoramento das instituições monetárias e fiscais era exigido por Simonsen:

Um pré-requisito essencial [para a reforma monetária sugerida por André Lara Resende[107]] é implantar o projeto de Reforma Bancária já aprovado pelo Conselho Monetário Nacional, que transfere a dívida pública para o orçamento fiscal, congela a conta de movimento do Banco do Brasil e restringe o Banco Central às suas funções clássicas.

O reconhecimento da complexidade da proposta de desindexação pela reforma monetária o fez pender para uma opção mais extrema:

---

[107] "Trata-se de desindexar a economia pela introdução de uma moeda indexada em relação ao cruzeiro, batizada 'cruzeiro-ouro' pelo autor da proposta."

O congelamento geral de salários, preços e da taxa de câmbio é a forma mais radical de desindexação. Pode ser também a mais facilmente compreensível, chega a possuir certo apelo político. A maior dificuldade no caso brasileiro é a falta de sincronização dos reajustes salariais.

Nesse ponto fazia-se necessária uma incursão no campo da engenharia de processos econômicos, com a "ORTNização"[108] dos salários, inspirada no Paeg: "O salário, em ORTNs, seria a média dos salários dos últimos seis meses, expressos em ORTNs".

Estado de choque

Depois de quase duas décadas de aceleração, a inflação havia se multiplicado por 10. Aproximava-se a hora de abandonar o gradualismo como estratégia de combate:

> No patamar inflacionário a que chegamos, a idéia de um combate gradualista à alta de preços mistura muita fantasia com um pouco de humor negro. A diferença entre 230% e 250% ao ano de alta de preços só emociona os estatísticos profissionais. (...) É preciso muito mais imaginação criativa, combinando o choque ortodoxo do Professor Octávio Bulhões com o choque heterodoxo do Professor Francisco Lopes.[109]

A composição dos dois choques tinha precedentes históricos e contemporâneos acima de qualquer suspeita:

> O fim da hiperinflação de 1923 combinou a proibição de emissões de moeda para financiar o déficit público com a fixação da taxa de câmbio. No jargão brasileiro, Schacht[110] deu uma no cravo da ortodoxia e outra na

---

[108] Obrigação Reajustável do Tesouro Nacional, unidade de conta criada em 1964 como base para a correção monetária.

[109] "No economês tupiniquim, ortodoxia é controlar a inflação pela ótica da demanda, segurando a moeda e os déficits públicos; heterodoxia, segurar os preços pelo lado da oferta, via controles de salário, preços e taxas de câmbio."

[110] Hjalmar Schacht, banqueiro central alemão citado muitas vezes por Simonsen, elevou os juros e garantiu a fixação da taxa de câmbio, encerrando a hiperinflação em 1923.

Inflação e história

ferradura da heterodoxia. (...) Na mesma linha híbrida correram os recentes programas de estabilização da França, da Itália e da Espanha, onde o socialismo concluiu que a aritmética econômica independe da ideologia.

Em 1986, o Plano Cruzado inaugurou um ciclo de predomínio da heterodoxia no combate à inflação. Simonsen o recebeu calorosamente, concedendo aos pais do programa o benefício da dúvida diante da extensão do receituário a ser ainda aplicado:

O Plano Cruzado foi uma brilhante cirurgia heterodoxa destinada a extirpar o tumor da inflação inercial. Suas idéias não chegam a ser novidade, o que em nada desmerece seus autores. Em política econômica, o importante não é a originalidade, mas a competência. O problema é o tratamento pós-operatório, que agora precisa ser cuidadosamente ortodoxo.

Passados oito meses, a complementaridade entre as duas modalidades de choques, mantra sempre repetido por Simonsen, não foi observada na prática. Sem ela, pouco se podia esperar em termos de estabilização:

Três foram os pecados de nossos heterodoxos. O primeiro foi não admitir que nem só de inércia vive a inflação. Afinal, se um decreto de congelamento fosse o bastante para exorcizar o demônio da instabilidade de preços, a inflação já teria sido varrida da superfície da Terra há milênios. O segundo pecado foi acreditar em Papai Noel. Em maio e junho era visível que a explosão do consumo, do preço dos imóveis e do próprio dólar paralelo retratava o que em inglês se qualifica como *too good to be true*. O terceiro equívoco foi não reagir diante da evidência, ou seja, insistir no congelamento quando o mercado respondia pelo ágio, primeiro acabrunhado e depois escancarado.

Em junho de 1987, quando a inflação já havia superado as taxas anteriores ao Cruzado, veio o segundo choque, o Plano Bresser:

Dadas as circunstâncias, é de convir que o ministro Bresser Pereira fez o máximo que lhe era possível fazer. A verdade, porém, é que o novo plano antiinflacionário tem gosto de Cruzado requentado. Não falta sequer uma tablita para deflacionar as obrigações vincendas em cruzados, contratadas sem cláusula de correção monetária.

Em poucos meses, os efeitos do Plano Bresser já haviam desaparecido por completo. Em 1988, pela primeira vez, a inflação anual venceu a barreira de quatro dígitos. "O que será da economia brasileira em 1989 é pergunta a ser dirigida a astrólogos e não a economistas". Se antever o cenário era tarefa para os primeiros, oferecer recomendações aos empresários ainda estava ao alcance dos segundos.

Com um cenário macroeconômico incerto só cabe um conselho: prudência e agilidade administrativa. Prudência para evitar tanto excessos de endividamento quanto de liquidez. Agilidade para adaptar-se às mutações conjunturais, que tanto podem levar a uma hiperinflação quanto a um congelamento de preços.

Logo em janeiro, foi lançado o Plano Verão, um novo congelamento acompanhado de juros de 20% ao mês e promessas de austeridade fiscal. Um mês depois, Simonsen já alertava:

É preciso acabar com o filhote heterodoxo do Plano Verão, o congelamento de preços, tão depressa quanto possível. As expectativas inflacionárias realmente só acabam no momento em que os agentes econômicos se convencem de que a inflação cessou pela lei da oferta e da procura, e não por mágicas de congelamento.

Em tempo cada vez mais curto, as taxas de inflação ressurgiam com vigor renovado. "Os agentes econômicos não tinham por que dar crédito a um terceiro choque heterodoxo e a uma segunda reforma monetária num espaço de três anos", sentenciava em junho de 1989, antes de o Plano Verão completar seis meses de existência.

A lógica e a precisão analítica do discurso de Simonsen nunca inibiram manifestações de entusiasmo em relação a iniciativas voltadas à estabilização. Ele não escondia seus temores de que o Brasil terminasse numa hiperinflação aberta. Foi assim com o Plano Collor, a quarta tentativa em quatro anos de conter a inflação, que em março de 1990 atingiu o recorde de todos os tempos no país: 84%.

Indiscutivelmente, o Plano Collor é o mais abrangente plano de estabilização já posto em prática na América Latina. (...) O exagero do choque de liquidez inicial foi inteligente, quer do ponto de vista político, quer como mensagem didática. O Banco Central ficou na confortável posição de, daqui por diante, não precisar retirar cruzeiros de circulação, mas só aumentar a sua quantidade.

A recíproca também é verdadeira. Quando saudava a implantação de medidas antiinflacionárias, as que lhe pareciam corretas obviamente, o entusiasmo não embotava sua lente crítica:

Resta uma questão fundamental, a mais difícil para o sucesso a longo prazo do Plano Collor: a restauração da confiança no mercado brasileiro de capitais. Os cruzados seqüestrados, da ordem de 24% do PIB, serão restituídos com correção monetária e juros reais de 6% ao ano, a menos que o governo falte com a palavra e transforme o seqüestro em confisco.

A questão era bem mais do que semântica: "A falta de convicção sobre princípios jurídicos lança pontos de interrogação para a frente, apesar da aceitação inicial".

Quase um ano depois, quando o plano já havia naufragado, veio o balanço definitivo:

O problema fundamental do Plano Collor é que ele se baseou numa inconsistência filosófica. O objetivo é introduzir o capitalismo moderno no Brasil, instalando uma verdadeira economia de mercado. Mas economia de mercado se baseia no respeito à propriedade privada e aos contratos. Ao violar esses dois postulados, com o seqüestro e o confisco de liquidez, o plano transformou-se num exercício de contradição.

E no melhor estilo, deixando clara a sua saturação com a repetição de erros, concluiu: "o melhor plano para o Brasil é comprometer-se a não fazer planos por dez anos".

Irritando MHS

Nessa fase, já saturado com a falta de imaginação reinante, passou a exercer o seu papel de crítico no terreno da filosofia. Foi dessa perspectiva que comentou o lançamento do Plano Collor II, o quinto experimento, em fevereiro de 1991: "Nossos economistas heterodoxos, em estreita colaboração com seus colegas argentinos, parecem ter inventado o princípio da contra-indução: uma experiência que dá errado várias vezes deve ser repetida até que dê certo".

Na linha da sátira, Simonsen desenvolveu o seguinte raciocínio para o malogro em série dos planos heterodoxos e, por tabela, de seus formuladores:

> O objeto de suas experiências são cobaias humanas, não necessariamente menos inteligentes que um economista heterodoxo. É evidente que se as cobaias descobrirem que estão sujeitas aos caprichos de um experimentador, seu comportamento mudará, de modo que as experiências lhes causem o mínimo de transtornos. Agora, se elas descobrirem como raciocina o experimentador, os papéis se inverterão — os pseudocientistas é que assumirão o papel das cobaias.

E concluindo: "o desempenho progressivamente pior dos choques heterodoxos revela apenas um fenômeno: o da revolução das cobaias".

Com a implosão da quinta arquitetura antiinflacionária, idéias extravagantes ganhavam maior poder de sedução. Simonsen, no entanto, as rechaçava, como o fez taxativamente com o Plano Cavallo: "O Brasil não tem como adotar o modelo argentino por uma razão simples: não há dólares em circulação no país para conduzir todas as transações. Em compensação nos obriga a restaurar a respeitabilidade do Estado como condição mínima de sucesso".

Mas ele próprio por vezes se deixava levar pelo descrédito: "a inflação brasileira talvez se tenha transformado num vírus resistente à medicina conhecida, seja do breviário ortodoxo, seja da pajelança heterodoxa. A resistência desse vírus tem por origem o próprio hábito da sociedade de conviver com a inflação". Diante da "volta do tigre", na faixa de 25% ao mês no início de 1992, sugeriu que "um caminho (mais fácil) talvez seja adotar o dólar como indexador geral, abrir a economia e, numa etapa seguinte, fixar a taxa de câmbio".

Nessa fase, os juros reais avançaram para inéditos 30% ao ano, sem que a inflação desse indicações de estar sendo domada.

Os investidores exigem taxas aparentemente usurárias porque não confiam na retidão da correção monetária, que deixou de computar um fator multiplicador de quatro vezes, aproximadamente. Ou seja, por conta do delírio dos governantes com os choques heterodoxos, quem aplicou dinheiro com correção monetária pouco antes do Plano Cruzado perdeu 75% do seu poder aquisitivo real.

Além da filosofia, Simonsen escapava da mesmice inflacionária refletindo sobre temas cruciais como a modernização do país, então enredado em uma complicada malha de regras que mantinham a economia no atoleiro.

Quando finalizava o curso de oficial da reserva, dizia-se que a Marinha havia sido inventada por gênios para ser administrada por imbecis, exatamente o ideal de uma estrutura de organização. O Brasil, ao que parece, complicou-se no caminho oposto: precisa de gênios para desenrolar uma organização tecida por imbecis.

Mas o fato é que a inflação não parava de subir. Em julho de 1993, pouco antes da introdução de mais um padrão monetário, o cruzeiro real, Simonsen voltou ao tema, como um professor que cobra de seus alunos a entrega de trabalhos em atraso: "É hora de começar o desmonte da correção. (...) O Brasil é o único país do mundo em que o governo oferece aos mais variados segmentos da sociedade proteção contra a moeda que ele próprio emite".

Boatos sobre o lançamento de uma âncora cambial como atalho para a queda da inflação eram desmentidos pelo ministro da Fazenda, Fernando Henrique Cardoso. Com a experiência de quem já tinha estado dos dois lados do balcão, Simonsen rebateu: "A mentira cívica, como se sabe, é obrigação do Ministro da Fazenda diante da iminência de uma reforma cambial". Ele próprio vislumbrava um papel para o câmbio: "No processo de desregulamentação torna-se fundamental permitir o que ainda é proibido: o uso do dólar (ou qualquer outra moeda estrangeira) como indexador".

Quando surgiu a URV, no início de 1994, ele já não tinha a boa vontade dos tempos do Cruzado. A pouca simpatia pelo projeto de nova moeda evidencia-se nesta progressão: "A URV foi inventada como uma espécie de noivado. Assim como os noivos nem são solteiros nem casados, a URV nem é moeda nem deixa de ser". "O real pretende casar-se com o dólar por 999 anos, mas com opção mensal de divórcio, tal como Pinkerton na ópera Madame Butterfly". Antes do casamento, em junho, a inflação tangenciou os 50% ao mês, o que foi logo apelidado de "despedida de solteiro da URV, remarcações frenéticas, pela suspeita de algum congelamento de preços após a entrada do real".

Apesar de superados os riscos de mortalidade infantil, o Real, ao final de 1994, ainda não tinha sucesso garantido. Para consolidá-lo faltavam: "Primeiro, o ajuste fiscal completo", que não podia prescindir do "equacionamento financeiro da Previdência". "Segundo, implantar a famosa âncora monetária tomando como variável de controle um agregado mais amplo do que a base monetária convencional."

No primeiro aniversário do Real, as virtudes do plano foram generosamente enaltecidas. "O saldo é muito favorável" entre outros motivos porque "a introdução da nova moeda foi precedida por sério esforço de ajuste fiscal, caracterizado pela criação do Fundo Social de Emergência e do IPMF". Outra qualidade foi ter sido "implantado sem surpresas, tablitas, vetores". Até a URV, que no primeiro semestre de 1994 era vista como "uma dolarização não apenas envergonhada, o que é óbvio, mas também feita em cima do muro", foi redimida: "o processo de desindexação foi conduzido com perícia e habilidade por meio da URV".

Suas críticas centraram-se na utilização, muito além do recomendado, da âncora cambial e no risco de crise do balanço de pagamentos trazido por ela, em decorrência da sobrevalorização: "Dada a restrição das contas externas, o Real precisa tornar-se menos dependente da âncora cambial". A crise acabou acontecendo, em 1998, mas Simonsen já não a testemunhou.

Nestes últimos 10 anos, a inflação tem sido mais baixa do que em toda a vida de Mario Henrique Simonsen. Parte dessa conquista se deve a ele, que, ao combatê-la com sucesso nas décadas de 1960 e 70, deixou valiosas lições conceituais e práticas. Nos anos 1980 e 90, transferiu o combate para a trincheira das idéias, de onde não economizou munição. É uma trágica ironia que ele não possa presenciar este momento.

A era do gelo*

"O jeito é comer mais um croquete", queixava-se um conhecido professor de economia, diante da visível diminuição do tamanho do petisco. O ano era o de 1986, quando nasceu, viveu dias de glória e execração e acabou na sarjeta o Plano Cruzado, o choque heterodoxo à brasileira. Anunciado no dia 28 de fevereiro daquele ano, com o propósito declarado de desindexar a economia, o plano foi aprisionado por sua medida de maior impacto, o congelamento geral de preços. A medida siderou a população, convertendo-a numa legião de incansáveis guardiães da inflação zero, os fiscais de Sarney. O congelamento foi tão bem recebido que sua duração, inicialmente pensada para dois ou três meses, se estendeu por oito. Ora, um congelamento de preços que se prolonga desse jeito inevitavelmente provoca desabastecimento e maquiagem de produtos, como a miniaturização dos croquetes.

A gestação intelectual do Cruzado foi longa. Desde o fim da recessão de 1983/84, quando o PIB caiu quase 3% e a inflação saltou de pouco menos de 100% para mais de 200%, multiplicaram-se estudos demonstrando a inoperância da terapia ortodoxa, à base de contrações monetárias.[111] Logo se tornou dominante o diagnóstico de inflação inercial, a que existe hoje porque existia ontem. O mecanismo de propagação da inflação inercial era a indexação, àquela altura disseminada por preços, salários, câmbio, aluguéis, ativos financeiros e o que mais se pudesse expressar monetariamente.[112]

A visão alternativa, que preconizava a redução do déficit fiscal, embora não excludente em relação ao diagnóstico inercialista, não empolgava

---

* Originalmente publicado em abr. 2006.

[111] LOPES, Francisco. Inflação e nível de atividade. In: _____. *O choque heterodoxo*. Rio de Janeiro: Campus, 1986.

[112] André Lara Resende e Pérsio Arida, "Inertial inflation and monetary reform: Brazil" — capítulo em *Inflation and indexation: Argentina, Brazil and Israel*, editado por J. Williamson (Cambridge, Mass.: MIT Press, 1985) —, proposta que ficou conhecida como Larida.

diante de dados preliminares, que evidenciavam uma considerável diminuição do desequilíbrio orçamentário do setor público. A implementação de um programa antiinflacionário calcado em uma interpretação 100% inercialista da inflação potencializou-se após a adoção do Plano Austral, na Argentina, em 1985. Mais uma vez, louvava-se a criatividade e a ousadia dos economistas argentinos, apesar de suas idéias já terem levado aquele país a situações catastróficas, que justificaram novas rodadas de audácia, numa espiral de resultados dramáticos.

A inércia, porém, tem raízes mais profundas que as regras formais de indexação. Numa economia de mercado, onde as decisões são tomadas no plano individual, não há incentivos à diminuição do ritmo de reajustes de preços pelo simples e óbvio motivo de que não se pode assegurar que o vizinho ou o concorrente façam o mesmo. Eis a matriz da inércia, presente em qualquer processo inflacionário.[113] Esta situação foi caricaturada através da seguinte imagem: num estádio de futebol, todos os torcedores estão de pé e ninguém, por iniciativa própria, decide se sentar.[114] É preciso que alguém comande o processo. O choque coordenador foi o congelamento geral de preços.

Nos idos de junho, quarto mês do plano, o Cruzado ainda era respeitado pela população, mas acumulavam-se os sinais de desajustes. O poder de compra dos assalariados havia crescido, tanto pela baixa da inflação quanto pela correção de 8%, concedida na largada do plano, alavancando a demanda. Prateleiras vazias, estocagens insanas de produtos por parte de consumidores, cobrança de ágios, o tradicional "por fora", que ludibriava as estatísticas, tornaram-se visões cotidianas. Pela impossibilidade de se vigiar uniformemente todos os preços, começaram a surgir distorções anedóticas, como a dos carros usados que custavam mais do que os novos.[115] Anedótico também foi o sumiço dos bois, caçados implacavelmente por forças policiais para serem abatidos e vendidos aos preços tabelados.

---

[113] SIMONSEN, Mario Henrique. Inércia inflacionária e inflação inercial. In: SIMONSEN, M. H.; BARBOSA, F. H. (orgs.). *Inércia x inépcia*. Rio de Janeiro: Globo, 1989.

[114] BACHA, Edmar. A inércia e o conflito: o Plano Cruzado e seus desafios. Rio de Janeiro: PUC, 1986. (Texto para Discussão n. 131).

[115] BARBOSA, Fernando de Holanda; BRANDÃO, Antônio Salazar Pessoa; FARO, Clovis de. O reino mágico do choque heterodoxo. In: SIMONSEN, M. H.; BARBOSA, F. H. *Inércia x inépcia*. Rio de Janeiro: Globo, 1989.

Inflação e história

Os formuladores do plano não ignoraram estes sinais de alerta e implementaram o Cruzadinho, composto de empréstimos compulsórios sobre automóveis e combustíveis, cujas repercussões nos índices de preços foram devidamente expurgadas. As medidas do Cruzadinho somente tangenciaram o problema do superaquecimento da demanda, cuja parcela fiscal foi posteriormente confirmada com a divulgação pelo Banco Central de novas e elevadas estimativas sobre o déficit público. Nos tempos do Cruzado, mais do que o déficit em si, o que dividia as opiniões dos economistas era a forma de financiá-lo, postura diametralmente oposta à atual, quando a questão central é a forma de eliminá-lo.

No mês de outubro, segundo a sondagem industrial da FGV, 44% das empresas consultadas enfrentavam graves dificuldades no fornecimento de matérias-primas e componentes, proporção somente superada, em 40 anos de pesquisa, pela de janeiro de 1987. A despeito da temperatura da economia ser de ebulição, a ordem era prosseguir com o congelamento, seja pelo desconhecimento de como se livrar dele, seja pela proximidade das eleições. Três dias após o pleito, em que o partido do presidente elegeu governadores em dois terços dos estados, um "tarifaço"[116] aplicado aos preços de automóveis, combustíveis, energia etc. abriu as comportas da inflação reprimida. Era o tiro de misericórdia. O Cruzado estava reduzido a pó, com a reputação na lama, tachado de estelionato eleitoral. Dois meses depois, a inflação já havia ultrapassado os níveis do início do ano, que deflagraram o lançamento do plano.

Passadas duas décadas, não há como negar ao Cruzado um lugar na história econômica do país. Seus erros e excessos[117] contribuíram para a formulação do Plano Real, um programa mais eclético e menos impositivo, concebido com chances efetivas de ser bem-sucedido. Entre os dois, houve ainda três tentativas malogradas de eliminar a inflação recorrendo-se a congelamentos de preços que, de tão ineficazes, puseram fim à era do gelo.

---

[116] Denominação muito usada na época para elevações de impostos indiretos.

[117] Sintetizados por Simonsen em *Inércia x inépcia*: "Se o erro de nossos ortodoxos foi esquecer o problema da inércia, a antítese heterodoxa foi igualmente errada, ao imaginar a inflação como puramente inercial. É inútil apagar a memória da inflação e depois reacendê-la pela expansão monetária e fiscal. Até porque a memória ressurge com extrema rapidez, como se verificou com o Plano Cruzado".

A última tentação de Fernando Henrique[*]

A maior parte dos programas de estabilização bem-sucedidos desdobrou-se em dois estágios. Em um primeiro momento, uma ou mais medidas de impacto reduzem drasticamente a taxa de inflação. Mais adiante, modificações de caráter estrutural consolidam os resultados alcançados na etapa inicial. O fim da hiperinflação alemã de 1923 é um bom exemplo desta dinâmica. Também o é a estabilização boliviana de 1985. Nos dois casos, as economias tiveram seus preços inteiramente atrelados à taxa de câmbio. Por esta razão, a inflação despencou para zero da noite para o dia, nos dois países, tão logo o governo controlou a taxa cambial. Meses depois desse primeiro ataque, alemães e bolivianos submeteram-se a penosos processos de reestruturação fiscal com demissões maciças de funcionários públicos, cortes de subsídios, aumentos de impostos etc., que finalmente convenceram os agentes econômicos da irreversibilidade do ajuste.

Várias tentativas de estabilização fracassaram porque não alteraram a estrutura fiscal. Esta etapa do processo é reconhecidamente insubstituível. Sobre ela poucas inovações têm sido propostas. Não é o que acontece com a primeira fase. Aí a criatividade transborda. Atualmente, o menu de medidas de impacto engloba, não necessariamente em ordem de sucesso ou aplicabilidade futura, a âncora cambial, o congelamento de preços, o bimonetarismo, o *currency board*, a tablita, a prefixação, o pacto social, as políticas de renda, o calote da dívida pública etc., administrados em separado ou de maneira combinada.

O Brasil pretende inverter a ordem dos fatores. É o que tem dito o ministro da Fazenda. A repetição infrutífera de programas mal arquitetados ou atabalhoadamente postos em prática minou a confiança na seqüência historicamente consagrada. Assim, por falta de melhor opção, Fernando

---

[*] Originalmente publicado em nov. 1993.

Henrique Cardoso busca reconstruir os "fundamentos" requeridos para a estabilização, notadamente no terreno fiscal. Somente então, para apressar o andamento da operação e evitar o gradualismo abortivo, recorreria o ministro às medidas típicas do primeiro estágio, hoje apelidadas de "pirotécnicas".

O encaminhamento "fundamentalista" do programa de estabilização deposita expectativas talvez imoderadas na contribuição do Congresso Nacional, pela aprovação de medidas provisórias ou pela própria revisão constitucional, ora em curso. Há um aspecto da operação parlamentar que não deve ser menosprezado. Trata-se do centrismo que governa o inconsciente político nacional. O entrechoque de interesses quase sempre soluciona-se por composições conciliatórias, medianas e não raro desfiguradoras das proposições originais. Na hipótese de verificar-se novamente essa regressão para o centro, tomando de empréstimo um termo do vocabulário estatístico,[118] o ministro da Fazenda poderá se ver diante de um incômodo dilema.

A regressão para o centro significa a reconstituição apenas parcial dos "fundamentos" necessários à estabilização. Por ser resultante de composições políticas, a reconstituição, mesmo parcial, terá sido ampla para alguns e insuficiente para outros. Neste cenário, que avaliação o ministro da Fazenda poderá fazer sobre o alcance das medidas de natureza fiscal, preparatórias para a implementação do programa de estabilização? O calendário político exige definições.

Se considerar o rearranjo institucional insuficiente para embasar uma estabilização permanente, Fernando Henrique prosseguirá pela rota "fundamentalista", escorado em suas convicções revistas e atualizadas. Desse modo, sensibilizará a chamada opinião pública esclarecida. Como apenas pouco mais de um quinto da população brasileira maior de 10 anos possui oito anos ou mais de instrução escolar, o grau de esclarecimento tem reduzida influência sobre resultados eleitorais.

Diante da encruzilhada, Fernando Henrique poderá ver-se tentado a liberar a imaginação de sua equipe econômica. O combate à inflação em estágios será respeitado e os resultados imediatamente perceptíveis. Suas credenciais eleitorais se fortalecem e talvez se transmitam a outros candida-

---

[118] A expressão exata é *regressão para a média*.

tos em esferas subnacionais, potencializando um quadro político mais propenso a reformas. Mas há os riscos de o programa não decolar e seu patrono ser tachado de aproveitador. Seja como for, são muitas as formas de se enfrentar uma tentação. Conhecer as preferências de Fernando Henrique Cardoso nesta matéria, e nem tanto em temas econômicos, parece ser o caminho mais direto para prognosticar o futuro da economia brasileira.

INFLAÇÃO NO MUNDO

Classes inflacionárias*

Os livros-texto de macroeconomia costumam classificar os países de acordo com suas taxas de inflação. Um deles, escrito há pouco mais de uma década pelo conhecido professor Jeffrey Sachs,[119] cita como tipos ideais os casos de Suíça e Argentina, o primeiro com taxas exemplarmente baixas e o segundo freqüentador da faixa de três dígitos. A segmentação é pertinente porque a inflação não é um fenômeno homogêneo. A informação trazida pelo exemplo, todavia, ficou defasada. Se, ao início de 1990, a inflação em 12 meses na Argentina beirava os 20.000%, de 1994 a 2001, a variação acumulada de preços foi rigorosamente nula.

A gangorra inflacionária mostra que a Argentina passou de uma situação insustentável a outra, permanecendo distante do equilíbrio macroeconômico. Mas sua taxa atual, de 6% ao ano, mesmo com câmbio flutuante e produção crescente, indica que é possível alcançá-lo. Quanto à Suíça, reduziu sua taxa de 2,5% para 1,5%, desde a publicação do livro.

O exemplo também ficou superado em relação ao dimensionamento das classes inflacionárias: três, segundo Sachs. Na década passada, havia um bom número de países onde os preços eram multiplicados, a cada ano, por pelo menos 10. O Brasil era um expoente deste grupo, registrando inflação da ordem de 5.000%, nos 12 meses que antecederam o Plano Real.

Atualmente, a espécie parece estar em extinção. De uma relação de 25 países emergentes, publicada pela revista *The Economist*, apenas três registraram taxas acima de 10%, em 2004: Venezuela (18,5%), Rússia (12,7%) e Egito (11,7%). Nenhum dos três prima pela excelência da gestão macroeconômica. Suas taxas, no entanto, estão abaixo de 20% ao ano.

Dos 25 países emergentes mencionados, 10 apresentaram, em 2004, taxas de inflação de 3% ou menos. Dos 10, seis estão no Leste asiático. Entre

---

* Originalmente publicado em jun. 2005.
[119] SACHS Jeffrey D.; LARRAIN, Felipe. *Macroeconomics in the global economy*. Upper Saddle River: Prentice Hall, 1993.

os industrializados, apenas Estados Unidos (3,3%) e Espanha (3,2%) ultrapassaram a fronteira dos 3%, em 2004, assim mesmo somente por um ou dois meses. Em resumo, a primeira classe obedece ao que se pode chamar de critério inflacionário de Maastricht.[120] Na América Latina, Chile (2,2%) e Peru (3%) são os representantes de maior peso.

Na segunda classe, estão países com inflação ainda no terreno de um dígito, mas com risco de fuga para cima. O Brasil (7,6%), as Filipinas (7,9%) e a Turquia (9,2%) são bons exemplos. A terceira classe é a dos que adentraram o território dos dois dígitos. No texto de Sachs, nesses grassava a hiperinflação.

Padrões inflacionários mudam com o tempo. No século XIX, com a flexibilidade e a simetria dos movimentos de preços, era comum a ocorrência de deflações, sem que isto significasse debilidade econômica. As quedas de preços em certos anos compensavam as altas em outros e isto permitia que a tendência inflacionária fosse abrandada. Entre a Independência americana e a Grande Depressão, a inflação acumulada foi de, aproximadamente, 30%. No Brasil cafeeiro, ainda que a medida da inflação fosse menos apurada, a taxa acumulada nas primeiras duas décadas do século XX foi inferior a 5%.

Com o passar dos anos, especialmente após a Grande Depressão, o movimento de preços perdeu irremediavelmente a flexibilidade que o acompanhou por séculos. Em épocas de demanda aquecida, os preços sempre subiram com desenvoltura; nas fases de retração, em contraste, cada vez mais a queda se fazia lenta, gradual e incompleta. As deflações não desapareceram completamente, mas tornaram-se fenômenos mais raros.

Somando-se a esta perda de simetria a progressiva obsolescência do padrão-ouro, substituído por políticas monetárias predominantemente expansivas, o resultado foi o aparecimento de um certo viés inflacionário. Para complicar o quadro, nos anos 1970, a economia mundial foi atingida por dois choques do petróleo. Em menos de 10 anos, os preços deste combustível decuplicaram. Países industrializados amargaram inflações de dois dígitos, acompanhadas de estagnação da produção e do emprego, a insidiosa estagflação.

---

[120] O critério de Maastricht (cidade holandesa) estabeleceu um limite de 3% do PIB para o déficit fiscal dos países signatários da União Européia.

Inflação no mundo

A reação dos banqueiros centrais começou em fins de 1979, com a ascensão de Paul Volker ao comando do Federal Reserve, o banco central dos Estados Unidos. À custa de muita recessão, mas também de reflexão e aperfeiçoamento, as políticas monetárias reconquistaram a credibilidade arranhada. Até onde deveria ir o esmagamento da taxa de inflação? O maestro Greenspan, sucessor de Volker, mostrou o caminho, mas não deu a resposta: até o ponto em que, mesmo positiva, ela se tornasse praticamente imperceptível. Pelas estatísticas, isto deve significar algo abaixo de 3% ao ano. Com pelo menos uma década de atraso, a cultura da inflação baixa se disseminou pelos países emergentes. Os hiperinflacionários, que ainda viajavam na terceira classe, pelo critério de Sachs, reduziram suas taxas de inflação à milésima parte. Mesmo assim, nem todos conseguiram ingressar na primeira. Os progressos nesta fase são demorados. O Chile, que andou flertando com a indexação, baixou sua taxa de 8,9%, em 1994, para 2,8%, em 2002, o equivalente a 0,8 ponto percentual ao ano. O Brasil tem bons exemplos, mas não está entre as melhores companhias. Em que classe estaremos no final da década?

Inflação e globalização*

Se fosse uma questão de prova de economia, a resposta não deixaria margem a controvérsias: preços de *commodities* em alta (petróleo à frente), crescimento vigoroso e políticas monetárias relativamente tolerantes rimam com inflação. No mundo real, que nem sempre imita os livros, não é exatamente o que se vê. A inflação nos países industrializados e em muitos emergentes tem-se mantido controlada nos últimos dois anos. Para identificar modificações na dinâmica da inflação, o Fundo Monetário Internacional dedicou um capítulo de seu mais recente relatório de acompanhamento da economia mundial às possíveis influências da globalização sobre o movimento geral de preços.

Segundo o documento, o comportamento favorável da inflação se deve a um nível mais intenso de competição em escala global, que impede as empresas de elevar seus preços e cria obstáculos ao aumento de salários. O efeito deve prosseguir diante da perspectiva de integração crescente dos países emergentes ao sistema mundial de comércio. Se a globalização vem de fato contendo a inflação, a política monetária pode ser amenizada sem prejuízo para o alcance das metas estabelecidas para a alta dos preços. O texto adverte, porém, que esta interpretação não é unânime. Há quem defenda que os créditos pelo controle inflacionário são devidos aos bancos centrais, estes sim os guardiães da estabilidade. A globalização seria apenas coadjuvante, atuando simultaneamente e sem a possibilidade de individualização de impactos com pelos menos dois fenômenos: a desregulamentação financeira e a revolução da tecnologia da informação.

Há vários argumentos que demonstram como a globalização pode afetar a inflação. O relatório do FMI enumera quatro canais unindo os dois processos. Em primeiro lugar, a globalização concorre para uma condução mais transparente da política monetária, retirando dos bancos centrais a

---

* Originalmente publicado em maio 2006.

capacidade de estimular temporariamente a atividade econômica ao deixá-los mais expostos aos riscos de fugas de capitais. Neste sentido, o efeito disciplinador da globalização é maior sobre as políticas monetárias de economias emergentes do que sobre as das avançadas, onde a reputação dos bancos centrais está mais consolidada.

O segundo canal de ligação é a integração comercial — a essência da globalização — que abre mercados a produtos estrangeiros e reforça a competição com os fabricados localmente, cujo preço relativo cai. Este efeito é próprio dos bens comercializáveis, o que explica em parte a maior resistência à desaceleração dos preços de serviços, ainda pouco transacionados entre fronteiras. Nas economias industrializadas, onde as estatísticas permitem diferenciar com maior clareza a dinâmica dos preços de serviços ao consumidor daqueles prestados às empresas, os movimentos destes últimos assemelham-se aos dos bens comercializáveis, provavelmente por força de competição e aumentos de produtividade.

No Brasil, os preços ao consumidor dos produtos de vestuário caíram 50%, em termos reais, entre 1994 e 2005, o que pode ter sido causado pela competição com peças importadas ou pelo barateamento dos insumos têxteis, também expostos à concorrência. Isto, aliás, não se verificou somente no Brasil nem exclusivamente com têxteis. Entre os bens de consumo, os eletroeletrônicos e os produtos da indústria de telecomunicações, em primeiro plano, mas também os alimentos processados registraram, se não quedas expressivas, ao menos elevações discretas de preços na última década. Estes foram os itens que, coincidentemente, experimentaram as maiores taxas de crescimento nos respectivos graus de abertura. Na classe dos insumos para a indústria, os de origem química, plásticos e metais também apresentaram reduções de preços associadas a aumentos de competição com importados.

Uma terceira via de contenção inflacionária são os ganhos de produtividade induzidos pela globalização, que tipicamente reduzem ou desaceleram preços. A quarta e última conexão relacionada no texto é a forma como a globalização interfere na sensibilidade da inflação aos ciclos econômicos. Cada vez mais, os preços domésticos de um bom número de itens são determinados por condições de demanda e oferta em mercados internacionais, descolando a produção da demanda interna.

Determinadas as relações de causa e efeito entre globalização e inflação, a pergunta que decorre naturalmente é se esses fatores atuarão de modo permanente ou se os efeitos se esgotarão. A única possibilidade que a globalização tem de assegurar a redução permanente da inflação é o incentivo à adoção de políticas monetárias mais comprometidas com a estabilidade de preços e menos suscetíveis a manobras e surpresas. Difícil quanto seja a mensuração deste efeito, a maior abertura das economias, sobretudo as emergentes, parece estar contribuindo para resguardar a política monetária de outros usos que não o de baixar a inflação. Os demais elos de ligação entre globalização e inflação têm características essencialmente passageiras, embora seus efeitos ainda devam prevalecer por um bom tempo, entre outros motivos, pelo incremento esperado no comércio internacional de serviços.

Depois desse *tour* pelas virtudes da integração econômica internacional, o relatório faz uma espécie de pouso forçado, lembrando que não se pode esperar demais da globalização para atenuar as pressões inflacionárias latentes. Pelo contrário, os riscos são de recrudescimento, especialmente nos países com economias mais aquecidas. A conclusão é que os gestores da política monetária devem permanecer vigilantes para evitar surpresas inflacionárias. O consolo é que, se esta fosse uma questão de prova, a resposta era fácil.

As metas de Bernanke[*]

Uma ele já atingiu. Ninguém se torna o mais poderoso banqueiro central do planeta sem ter este firme propósito. Na corrida para substituir Alan Greenspan, Ben Bernanke foi o típico azarão, superando na reta final candidatos solidamente apadrinhados. Acadêmico de primeira grandeza, um dos maiores conhecedores da ciência e da arte de se fazer política monetária, tinha à frente uma tarefa que não exigia apenas competência técnica. Sua missão era a de ocupar o lugar de um mito.

A história, porém, o amparava. Quase 20 anos antes, Alan Greenspan enfrentou uma dose muito maior de ceticismo dos mercados quando foi escalado para sentar-se à cadeira do já então mítico Paul Volcker. O culto à personalidade dos dois últimos presidentes do Federal Reserve se deve a um misto de façanhas heróicas, como o combate obstinado à inflação ou o comando seguro da economia em meio a graves turbulências, e um calculado hermetismo na comunicação. Ritualizados, esses ingredientes levam à inevitável interpretação de que os diferenciais de sucesso que ambos lograram obter resultam do talento individual e da idiossincrasia dos maestros.

Bernanke, o acadêmico, ao contrário, sempre defendeu a despersonalização da política monetária. Para ele, o processo decisório deve ser transparente, permitindo que o mercado antecipe os passos do banco central e se mova sem sobressaltos. Durante os três meses entre a nomeação e a posse, em fevereiro de 2006, o futuro "chefe" do Federal Reserve, embalado pela súbita notoriedade e ainda sem ter o ônus do cargo, deu mostras sinceras das idéias que cultiva sobre a tarefa de assegurar a estabilidade dos preços.

Para ele, compreender a situação econômica é como um trabalho de detetive, que se vale das estatísticas como pistas, mais numerosas do que coerentes. Embasando este trabalho de investigação, deve haver um modelo econométrico que reproduza o funcionamento da economia e aponte de

---

[*] Originalmente publicado em set. 2006.

forma objetiva as conseqüências de cada decisão acerca da taxa de juros. O uso de modelos como base para as decisões de política monetária não desperta controvérsias. Quase todos os bancos centrais têm os seus. O que divide os especialistas é até onde o banqueiro central pode e deve conduzir a política monetária apenas no piloto automático. Em situações de crise e instabilidade, os modelos fornecem indicações vagas. Esta é a hora de assumir o controle e decidir na base do julgamento pessoal. Como o sucessor de Alan Greenspan se desincumbiria navegando sem modelo é uma dúvida que o mercado só poderá dirimir quando a situação obrigar.

Âncora

Em mais de uma oportunidade, Bernanke demonstrou o apreço que tem pelo sistema de metas para a inflação, capaz, segundo ele, de ancorar as expectativas de longo prazo acerca do movimento de preços.[121] Expectativas firmemente ancoradas facilitam o controle permanente da inflação, dando ao banco central a liberdade de suavizar a política monetária para evitar uma recessão, sem pôr em risco a estabilidade de preços. Conhecedor de cada experiência de adoção do regime de metas, desde as pioneiras na Nova Zelândia e Inglaterra, no início dos anos de 1990, passando por Chile, Brasil, África do Sul, Tailândia e mais, recentemente, República Tcheca e Hungria, entre outras tantas, ele tem sido um ativo divulgador do sistema, principalmente nos Estados Unidos, onde o desinteresse em relação a esta modalidade de política antiinflacionária é proporcional à falta de conhecimento.

Em conferências, artigos e livros, Bernanke ressalta a flexibilidade do sistema de metas no que diz respeito a métodos e processos usados para alcançá-las. Neste sentido, seria uma espécie de política monetária de resultados, menos amarrada a regras e mecanismos, como é o caso, por exemplo, das chamadas metas quantitativas. Neste regime, o banco central persegue uma determinada taxa de expansão do volume de moeda em circulação, no pressuposto de que isto assegurará o controle da inflação. O pragmatismo do sistema de metas, sublinhado por Bernanke, não significa prescindir de

---

[121]Se as expectativas de longo prazo estiverem ancoradas, desvios momentâneos não afetarão a convicção do mercado e do público em geral de que a inflação voltará a ser baixa e estável.

rigor e conservadorismo. O banco central precisa desenvolver uma reputação insuspeita de disciplinador dos preços, decorrente de seu compromisso com a baixa inflação.

O outro pilar do sistema, no entender de Bernanke, é a estratégia de comunicação adotada pela autoridade monetária. De que maneira e em que medida a comunicação do banco central — *Fedspeak*, no jargão da imprensa americana — pode melhorar a qualidade da política monetária? Bernanke ressalta que a relação entre bancos centrais e o mercado financeiro é caracterizada por assimetria de informação. Este último dificilmente conhece por completo os elementos-chave da política da instituição. Para concretizar a idéia de transparência, é preciso começar deixando claro o objetivo em relação à taxa de inflação. Em seguida, devem ser explicitados os mecanismos para alcançá-lo e as hipóteses e estimativas acerca das principais variáveis econômicas. Daí o uso dos modelos. É disso que falam os relatórios de inflação, publicados regularmente pelos bancos centrais que adotam o sistema de metas.

Comunicação

Se a assimetria de informação for suficientemente grande, a economia estará sujeita a episódios de estagflação, isto é, a ocorrência simultânea de alta inflação e baixo crescimento. A razão é simples. O hiato de conhecimento do mercado em relação ao *modus operandi* da autoridade monetária tende a ser preenchido por tentativa e erro. Neste processo de aprendizado, é possível que aumentos temporários da taxa de inflação sejam interpretados como definitivos, contaminando as expectativas inflacionárias. Isto se transmite aos salários e preços, realimentando a inflação. Uma política eficiente de comunicação pode evitar estes desacertos ao ancorar mais firmemente as expectativas de longo prazo.

Para os céticos, as ações do banco central, se bem fundamentadas, bastariam para assegurar o sucesso da política monetária. Bernanke se opõe a este unilateralismo, argumentando que, mesmo que a instituição se comporte da maneira mais sistemática e previsível, a complexidade e a natureza dinâmica do mundo real podem levar a decodificações incorretas das ações do banco central. Sem o esforço contínuo de traduzi-las e explicitar suas motivações, seria complicado para o público discernir se um movimento inesperado de parte da autoridade monetária significa mudança em seus objetivos ou reavaliação das condições da economia, ou ambos ou uma terceira possibilidade.

Bernanke reconhece os avanços do Fed nos últimos 10 ou 15 anos rumo a uma comunicação mais ampla e eficaz com o público. Além de comunicados e atas de reuniões, há os pronunciamentos regulares no Congresso e discursos em eventos fartamente cobertos pela mídia. Esta maior proximidade entre o Fed e o mercado contribuiu para reduzir não somente a expectativa acerca da inflação média, mas, sobretudo, a sua volatilidade. Mesmo assim, seja por meio de levantamentos diretos, seja pela precificação de ativos financeiros, a inflação esperada nos Estados Unidos ainda se situa na faixa entre 2,5% e 3% ao ano, acima do que se supõe ser a taxa desejada pelo Comitê Federal de Mercado Aberto (Fomc).

Esta é uma evidência, na leitura de Bernanke, de que as expectativas de longo prazo não estão firmemente ancoradas. A política monetária pode ficar mais azeitada aprimorando-se a estratégia de comunicação. Em parte, isto já vem sendo feito. Desde 2005, o prazo para a divulgação das atas das reuniões do Fomc, até então de cinco a sete semanas, foi reduzido para três. Era comum o comitê se reunir para uma nova rodada de deliberações sem que a ata do encontro anterior tivesse sido divulgada. No Brasil, o documento circula na semana seguinte. Mas ainda há o que fazer. O Fomc poderia publicar previsões com maior freqüência, que contemplassem períodos mais longos. Bernanke gostaria também de ver projeções acerca de outras variáveis, em especial o núcleo da inflação.

Metas

Estes são avanços intermediários, que antecederiam um passo mais ousado: a possível adoção do sistema de metas para a inflação pelo Fed de Bernanke. Mas será esta uma decisão já amadurecida? Pelo espaço que abre aos críticos nos seminários e coletâneas que tem editado, Bernanke talvez ainda partilhe com eles de um vestígio de dúvida. Não seria a explicitação da meta um grau de liberdade perdido? Uma visão cética, amplamente fundamentada em dados, é oferecida por Ball e Sheridan.[122] Se, de um lado, argumentam os dois autores, os países que adotaram o sistema de metas durante os anos de 1990 obtiveram sucesso reduzindo a taxa média e a volatilidade da inflação, o mesmo pode ser dito daqueles que não aderiram à nova moda. Trata-se de uma provocação que estimula o debate. Um contra-argumento sutil lembra, por exemplo, que vários dos países que não seguem formalmente o sistema efetuaram mudanças importantes em suas respectivas políticas monetárias, absorvendo concepções e procedimentos típicos do regime.

A exposição das idéias *bernankianas* poderia seguir indefinidamente, para deleite dos leitores, mas, assim como uma gravidez que termina, chegou ao fim o doce período da nomeação. Na primeira reunião presidida pelo recém-empossado *chairman*, os juros subiram e ninguém poderia esperar que fosse diferente. Mas logo depois, ao contrário do laconismo de Greenspan em momentos de indefinição, Bernanke afirmou que o Fed poderia fazer uma pausa na seqüência de aumentos dos juros, mesmo sem ter uma avaliação definitiva sobre os riscos inflacionários. Nesse meio tempo, reuniria mais dados para orientar futuras decisões.

O mercado imediatamente o tachou de complacente com a inflação. O passado o condenava. Sua visão crítica da excessiva ortodoxia do banco central dos anos 1920, que transformou uma simples recessão na Grande Depressão, talvez tivesse domesticado seus instintos, tornando-o um combatente menos aguerrido. Houve quem duvidasse de sua masculinidade. A atitude desafiadora do mercado durou pouco. Menos de um mês depois de sua conjectura sobre a possibilidade de uma pausa para meditação, Bernanke endureceu o discurso. A persistência da inflação o incomodava mais do que o desaquecimento da economia. Preferia pecar por excesso, elevando os juros além do (*a posteriori*) necessário. O tombo do Dow Jones foi de 3,2% na semana em que o pombo se transformou em falcão.[123]

---

[122] "Does inflation targeting matter?", trabalho apresentado na Conferência sobre Metas para a Inflação, promovida pelo NBER em janeiro de 2003 e posteriormente editada por Ben S. Bernanke e Michael Woodford.

[123] Pombos e falcões simbolizam os moderados e os radicais na política externa norte-americana.

Sem estabelecer como meta, Bernanke referiu-se exaustivamente ao que seria a sua zona de conforto para a inflação: uma taxa anual entre 1% e 2% do núcleo do índice de preços ao consumidor, calculado após a exclusão das parcelas referentes a alimentação e energia. De março a junho, o núcleo da inflação norte-americana registrou variação de 0,3% ao mês, quase o triplo da média dos três meses anteriores. Anualizada, a taxa corresponderia a 3,6%, indicando, pela persistência, que a alta de 4,3% do IPC, em 12 meses, não se restringia aos impactos diretos do petróleo. Ironicamente, enquanto o núcleo subia, escapando da zona de conforto, Bernanke voltava a suavizar o tom. A bolsa subiu e o mercado, embora enxergasse sintomas de estagflação, preferiu fazer o jogo do *chairman*.

Bernanke parecia seguro de que o aperto monetário daria frutos nos meses seguintes. O desaquecimento progressivo do mercado imobiliário era saudado pelo chefe do Fed como um sinal daquilo que é o sonho dos banqueiros centrais: o pouso suave,[124] isto é, a redução da inflação com o mínimo de impacto sobre a produção e o emprego. Por acreditar nas defasagens longas e incertas[125] da política monetária, Bernanke finalmente pôs em prática a pausa para meditação que desejava e não mexeu nos juros na reunião de agosto do Fomc. Sua aposta é de que as 17 elevações consecutivas dos últimos dois anos sejam suficientes para fazer a inflação reingressar na zona de conforto. Se estiver errado, o jeito será vestir as sandálias da humildade e voltar a subir mais adiante. Isto, aliás, está escrito no comunicado do Fed, num tributo à transparência.

Nesses seis meses à frente do banco central americano, Bernanke foi fiel às suas convicções monetárias, explicitando propósitos, métodos e dilemas. Na prática, porém, tem comprovado, às vezes de forma acidentada, que a palavra bem escolhida e o tom em que é expressa ainda valem mais do que um punhado de estatísticas. Inverter essa lógica e despojar-se da *persona* de banqueiro central, contrapondo-se ao impulso da vaidade, deverá ser para Bernanke uma meta muito mais trabalhosa do que apenas personificá-lo.

---

[124] *Soft landing.*

[125] *Long and variable lags*, expressão cunhada por Milton Friedman para descrever a diferença de tempo entre uma ação de política monetária e seu efeito sobre a inflação.

Prêmio consistente*

O prêmio Nobel de economia foi concedido pela primeira vez em 1969, quando as outras cinco áreas de premiação já tinham 68 anos de vida. A defasagem pode ser um sintoma da falta de consenso sobre a consistência científica da teoria econômica, rejeição a essa altura superada. Dos 28 processos seletivos,[126] há pelo menos quatro premiações interligadas pela noção de que a política macroeconômica, embora trate de variáveis que se modificam rapidamente, como a inflação, somente será efetiva se possuir uma concepção de longo prazo. O agraciado em 2006 foi o professor da Universidade de Columbia Edmund Phelps, um retardatário, premiado depois dos 70 anos de idade, por trabalhos desenvolvidos durante a década de 1960, semelhantes mas independentes dos de Milton Friedman, que ganhou o prêmio em 1976.

Phelps foi original ao incorporar fundamentos microeconômicos à teoria da inflação e do emprego. Em seus modelos "micro-macro", trabalhadores, firmas e consumidores, embora racionais, podem ser enganados por erros em suas expectativas acerca da trajetória futura de preços, com repercussões diretas sobre o nível de emprego, tanto de aumento quanto de diminuição. Friedman e Phelps desmistificaram a suposta troca entre menos desemprego e mais inflação. Em termos teóricos, isto significa dizer que a curva de Phillips, que relaciona estas duas variáveis, é vertical a longo prazo, não sendo possível se escapar da taxa natural de desemprego. Tentativas de turbinar a economia por meio da política monetária terminarão por provocar inflação sem benefícios para a produção.

---

* Originalmente publicado em nov. 2006.

[126] O número de premiados em cada rodada anual tem aumentado. Nos primeiros cinco anos de existência do prêmio, foram sete agraciados. Nos últimos cinco, o número de agraciados saltou para 11. É possível que haja mais trabalhos feitos em parceria, mas também deve ser cada vez mais difícil selecionar o vencedor diante de tantas possibilidades.

Esta é a semente da formulação de Finn Kydland e Edward Prescott, premiados em 2004. O conceito central cunhado pela dupla é o de inconsistência temporal[127] na condução das políticas macroeconômicas em geral e da antiinflacionária em particular. Inconsistência temporal equivale a dizer que não se pode servir a dois senhores ao mesmo tempo. Os autores demonstraram que se as autoridades econômicas não puderem se comprometer com regras estáveis e transparentes, o resultado final poderá ser maior inflação, ainda que o propósito declarado delas seja a estabilização. Desvios na conduta de longo prazo do banco central com o objetivo de estimular a economia corroem a credibilidade da instituição porque podem ser entendidos como concessões. Os agentes econômicos incorporam estas surpresas a suas expectativas e o tiro sai pela culatra: nem a inflação cai nem o emprego aumenta. Daí a imagem criada pelos autores de que o banco central precisa ter as "mãos atadas".

Trata-se de uma recomendação radical. Quando ocorrem choques de oferta, alguma dose de acomodação pode ser uma escolha sensata, ainda que ao custo de um afastamento momentâneo da regra monetária de longo prazo. Esta costuma ser a diretriz do banco central brasileiro, reiterada em diversas atas de reuniões do Copom. A regra cristalizada, inanimada, pode ser fatal, como provou a Argentina com seu pétreo *currency board*. Nossa autoridade monetária não está sozinha na decisão de acomodar parcialmente os choques. Vários bancos centrais, vitoriosos na busca da estabilidade de preços, têm reservado algum espaço de manobra para absorver tais impactos. Com todo o cuidado, é claro, para que esta flexibilidade benigna não seja tomada por oportunismo. Um caminho para evitar a perda de credibilidade, corolário das proposições originais da dupla de laureados, é tornar o banco central independente de pressões políticas.

Embora a premiação de Kydland e Prescott só tenha vindo em 2004, o trabalho que a originou foi publicado quase três décadas antes.[128] Um

---

[127] Tradução direta de *time inconsistency*. A tradução esbarra na diferença de uso da palavra *inconsistency*, que no inglês corresponde a incoerência, enquanto em português o sentido é de falta de firmeza ou de densidade.

[128] KYDLAND, F.; PRESCOTT, E. Rules rather than discretion: The inconsistency of optimal plans. *Journal of Political Economy*, v. 85, p. 473-490, 1977. A academia incluiu em sua avaliação um segundo artigo assinado pelos dois autores: "Time to build and aggregate fluctuations" (*Econometrica*, v. 50, p. 1345-1371, 1982).

fato, porém, já a pré-qualificava: ser, de alguma forma, tributária da obra de Robert Lucas Jr., ganhador do Nobel em 1995. Lucas está indissociavelmente ligado à revolução das expectativas racionais, ainda nos anos 1970. Suas análises e proposições elevaram ao primeiro plano o papel das expectativas, até então variáveis de segunda linha na explicação dos processos macroeconômicos. A hipótese das expectativas racionais, sugerida inicialmente por John Muth, em 1961, significa que os agentes econômicos estão permanentemente atualizando suas previsões, à luz de novas informações, uma formulação muito mais ousada do que as aceitas anteriormente.

A partir desta hipótese, Lucas alvejou de maneira irremediável a tradicional prática de avaliação econométrica da política econômica. Por este método, construíam-se modelos e simulavam-se impactos sobre as principais variáveis econômicas, entre as quais a inflação, resultantes de diferentes configurações de políticas monetária e fiscal. A crítica de Lucas, como ficou conhecida, afirmava que nada será como antes. Se somos todos racionais por não desperdiçarmos informação, perde o sentido a avaliação econométrica à moda antiga, mecanicista, baseada em parâmetros comportamentais rígidos, estimados com base em longas séries históricas. A política econômica afeta as expectativas e, por tabela, as reações dos agentes econômicos.

Esta ramificação do pensamento macroeconômico moderno, aqui retratada de maneira quase caricatural, existiria independentemente da criação do prêmio Nobel de economia. Afinal, as sementes que a fizeram crescer lhe são anteriores. Mas, como aprendemos nas primeiras aulas, um pouco de competição não faz mal a ninguém.

Glossário

BLS Bureau of Labor Statistics (órgão oficial de estatísticas do trabalho dos Estados Unidos)

BM&F Bolsa de Mercadorias e Futuros

C-CPI-U *Chained consumer price index — all urban consumers* (índice de preços ao consumidor encadeado, referente a todos os consumidores urbanos)

Cofins Contribuição para financiamento da seguridade social

Copom Comitê de Política Monetária do Banco Central do Brasil

CPI *Consumer price index* (índice de preços ao consumidor dos EUA)

DI-over Depósito interfinanceiro

Endef Estudo Nacional sobre a Despesa Familiar

FAO Food and Agriculture Organization (Organização para a Alimentação e Agricultura das Nações Unidas)

Fed Federal Reserve System (Banco Central americano)

FGTS Fundo de Garantia do Tempo de Serviço

Fipe Fundação Instituto de Pesquisas Econômicas da Universidade de São Paulo

FMI Fundo Monetário Internacional

Fomc Federal Open Market Committee (Comitê Federal de Mercado Aberto do Banco Central americano)

IBGE Instituto Brasileiro de Geografia e Estatística

ICC-RJ Índice de custos da construção da cidade do Rio de Janeiro

IGP Índice geral de preços, calculado pela FGV nas versões 10, M (mercado) e DI (disponibilidade interna)

IGP-10 Ver nota explicativa no capítulo "Os IGPs em 2002"

IGP-DI Índice geral de preços — disponibilidade interna

IGP-M Índice geral de preços do mercado

INCC Índice nacional de custo da construção

INCC-DI Índice nacional de custo da construção — disponibilidade interna

INPC	Índice nacional de preços ao consumidor
Insee	Institut National de la Statistique e des Études Économiques (agência oficial de estatísticas da França)
IPA	Índice de preços por atacado
IPA-DI	Índice de preços por atacado — disponibilidade interna
IPC	Índice de preços ao consumidor
IPC-3i	Índice de preços ao consumidor da terceira idade
IPC-BR	Índice de preços ao consumidor — Brasil
IPC-DI	Índice de preços ao consumidor — disponibilidade interna
IPC-S	Índice de preços ao consumidor — semanal
IPCA	Índice de preços ao consumidor amplo
IPMF	Imposto provisório sobre movimentação financeira, posteriormente denominado contribuição (CPMF)
NBER	National Bureau of Economic Research
OCDE	Organização para a Cooperação e o Desenvolvimento Econômico (Organization for Economic Cooperation and Development — OECD)
ONS	Office of National Statistics (agência oficial de estatísticas da Inglaterra)
Opep	Organização dos Países Exportadores de Petróleo
ORTN	Obrigação Reajustável do Tesouro Nacional
Paeg	Plano de Ação Econômica do Governo
PIB	Produto interno bruto
POF	Pesquisa de orçamentos familiares
PPI	*Producer price index* (índice de preços ao produtor — IPP — dos EUA)
RPI	*Retail price index* (índice de preços no varejo da Inglaterra)
Proálcool	Programa Nacional do Álcool
URV	Unidade real de valor